ZERO

Ours is a world in vertigo. It is a world that swarms with technological mediation, interlacing our daily lives with abstraction, virtuality, and complexity. XF constructs a feminism adapted to these realities: a feminism of unprecedented cunning, scale, and vision; a future in which the realization of gender justice and feminist emancipation contribute to a universalist politics assembled from the needs of every human, cutting across race, ability, economic standing, and geographical position. No more futureless repetition on the treadmill of capital, no more submission to the drudgery of labour, productive and reproductive alike, no more reification of the given masked as critique. Our future requires depetrification. XF is not a bid for revolution, but a wager on the long game of history, demanding imagination, dexterity and persistence.

XF seizes alienation as an impetus to generate new worlds. We are all alienated —but have we ever been otherwise? It is through, and not despite, our alienated condition that we can free ourselves from the muck of immediacy. Freedom is not a given—and it's certainly not given by anything 'natural'. The construction of freedom involves not less but more alienation; alienation is the labour of freedom's construction. Nothing should be accepted as fixed, permanent, or 'given'—neither material conditions nor social forms. XF mutates, navigates and probes every horizon. Anyone who's been deemed 'unnatural' in the face of reigning biological norms, anyone who's experienced injustices wrought in the name of natural order, will realize that the glorification of 'nature' has nothing to offer us—the queer and trans among us, the differently-abled, as well as those who have suffered discrimination due to pregnancy or duties connected to child-rearing. XF is vehemently anti-naturalist. Essentialist naturalism reeks of theology—the sooner it is exorcised, the better.

Why is there so little explicit, organized effort to repurpose technologies for progressive gender political ends? XF seeks to strategically deploy existing technologies to re-engineer the world. Serious risks are built into these tools; they are prone to imbalance, abuse, and exploitation of the weak. Rather than pretending to risk nothing, XF advocates the necessary assembly of techno-political interfaces responsive to these risks. Technology isn't inherently progressive. Its uses are fused with culture in a positive feedback loop that makes linear sequencing, prediction, and absolute caution impossible. Technoscientific innovation must be linked to a collective theoretical and political thinking in which women, queers, and the gender non-conforming play an unparalleled role.

The real emancipatory potential of technology remains unrealized. Fed by the market, its rapid growth is offset by bloat, and elegant innovation is surrendered to the buyer, whose stagnant world it decorates. Beyond the noisy clutter of commodified cruft, the ultimate task lies in engineering technologies to combat unequal access to reproductive and pharmacological tools, environmental cataclysm, economic instability, as well as dangerous forms of unpaid/underpaid labour. Gender inequality still characterizes the fields in which our technologies are conceived, built, and legislated for, while female workers in electronics (to name just one industry) perform some of the worst paid, monotonous and debilitating labour. Such injustice demands structural, machinic and ideological correction.

Xenofeminism is a rationalism. To claim that reason or rationality is 'by nature' a patriarchal enterprise is to concede defeat. It is true that the canonical 'history of thought' is dominated by men, and it is male hands we see throttling existing institutions of science and technology. But this is precisely why feminism must be a rationalism—because of this miserable imbalance, and not despite it. There is no 'feminine' rationality, nor is there a 'masculine' one. Science is not an expression but a suspension of gender. If today it is dominated by masculine egos, then it is at odds with itself—and this contradiction can be leveraged. Reason, like information, wants to be free, and patriarchy cannot give it freedom. Rationalism must itself be a feminism. XF marks the point where these claims intersect in a two-way dependency. It names reason as an engine of feminist emancipation, and declares the right of everyone to speak as no one in particular.

INTERRUPT

The excess of modesty in feminist agendas of recent decades is not proportionate to the monstrous complexity of our reality, a reality crosshatched with fibre-optic cables, radio and microwaves, oil and gas pipelines, aerial and shipping routes, and the unrelenting, simultaneous execution of millions of communication protocols with every passing millisecond. Systematic thinking and structural analysis have largely fallen by the wayside in favour of admirable, but insufficient struggles, bound to fixed localities and fragmented insurrections. Whilst capitalism is understood as a complex and ever-expanding totality, many would-be emancipatory anti-capitalist projects remain profoundly fearful of transitioning to the universal, resisting big-picture speculative politics by condemning them as necessarily oppressive vectors. Such a false guarantee treats universals as absolute, generating a debilitating disjuncture between the thing we seek to depose and the strategies we advance to depose it.

Global complexity opens us to urgent cognitive and ethical demands. These are Promethean responsibilities that cannot pass unaddressed. Much of twenty-first century feminism—from the remnants of postmodern identity politics to large swathes of contemporary ecofeminism—struggles to adequately address these challenges in a manner capable of producing substantial and enduring change. Xenofeminism endeavours to face up to these obligations as collective agents capable of transitioning between multiple levels of political, material and conceptual organization.

We are adamantly synthetic, unsatisfied by analysis alone. XF urges constructive oscillation between description and prescription to mobilize the recursive potential of contemporary technologies upon gender, sexuality and disparities of power. Given that there are a range of gendered challenges specifically relating to life in a digital age—from sexual harassment via social media, to doxxing, privacy, and the protection of online images—the situation requires a feminism at ease with computation. Today, it is imperative that we develop an ideological infrastructure that both supports and facilitates feminist interventions within connective, networked elements of the contemporary world. Xenofeminism is about more than digital self-defence and freedom from patriarchal networks. We want to cultivate the exercise of positive freedom—freedom-to rather than simply freedom-from—and urge feminists to equip themselves with the skills to redeploy existing technologies and invent novel cognitive and material tools in the service of common ends.

The radical opportunities afforded by developing (and alienating) forms of technological mediation should no longer be put to use in the exclusive interests of capital, which, by design, only benefits the few. There are incessantly proliferating tools to be annexed, and although no one can claim their comprehensive accessibility, digital tools have never been more widely available or more sensitive to appropriation than they are today. This is not an elision of the fact that a large amount of the world's poor is adversely affected by the expanding technological industry (from factory workers labouring under abominable conditions to the Ghanaian villages that have become a repository for the e-waste of the global powers) but an explicit acknowledgement of these conditions as a target for elimination. Just as the invention of the stock market was also the invention of the crash, Xenofeminism knows that technological innovation must equally anticipate its systemic condition responsively.

TRAP

XF rejects illusion and melancholy as political inhibitors. Illusion, as the blind presumption that the weak can prevail over the strong with no strategic coordination, leads to unfulfilled promises and unmarshalled drives. This is a politics that, in wanting so much, ends up building so little. Without the labour of large-scale, collective social organisation, declaring one's desire for global change is nothing more than wishful thinking. On the other hand, melancholy—so endemic to the left—teaches us that emancipation is an extinct species to be wept over and that blips of negation are the best we can hope for. At its worst, such an attitude generates nothing but political lassitude, and at its best, installs an atmosphere of pervasive despair which too often degenerates into factionalism and petty moralizing. The malady of melancholia only compounds political inertia, and—under the guise of being realistic—relinquishes all hope of calibrating the world otherwise. It is against such maladies that XF innoculates.

0×0A

We take politics that exclusively valorize the local in the guise of subverting currents of global abstraction, to be insufficient. To secede from or disavow capitalist machinery will not make it disappear. Likewise, suggestions to pull the lever on the emergency brake of embedded velocities, the call to slow down and scale back, is a possibility available only to the few—a violent particularity of exclusivity—ultimately entailing catastrophe for the many. Refusing to think beyond the microcommunity, to foster connections between fractured insurgencies, to consider how emancipatory tactics can be scaled up for universal implementation, is to remain satisfied with temporary and defensive gestures. XF is an affirmative creature on the offensive, fiercely insisting on the possibility of large-scale social change for all of our alien kin.

A sense of the world's volatility and artificiality seems to have faded from contemporary queer and feminist politics, in favour of a plural but static constellation of gender identities, in whose bleak light equations of the good and the natural are stubbornly restored. While having (perhaps) admirably expanded thresholds of 'tolerance', too often we are told to seek solace in unfreedom, staking claims on being 'born' this way, as if offering an excuse with nature's blessing. All the while, the heteronormative centre chugs on. XF challenges this centrifugal referent, knowing full well that sex and gender are exemplary of the fulcrum between norm and fact, between freedom and compulsion. To tilt the fulcrum in the direction of nature is a defensive concession at best, and a retreat from what makes trans and queer politics more than just a lobby: that it is an arduous assertion of freedom against an order that seemed immutable. Like every myth of the given, a stable foundation is fabulated for a real world of chaos, violence, and doubt. The 'given' is sequestered into the private realm as a certainty, whilst retreating on fronts of public consequences. When the possibility of transition became real and known, the tomb under Nature's shrine cracked, and new histories—bristling with futures—escaped the old order of 'sex'. The disciplinary grid of gender is in no small part an attempt to mend that shattered foundation, and tame the lives that escaped it. The time has now come to tear down this shrine entirely, and not bow down before it in a piteous apology for what little autonomy has been won.

If 'cyberspace' once offered the promise of escaping the strictures of essentialist identity categories, the climate of contemporary social media has swung forcefully in the other direction, and has become a theatre where these prostrations to identity are performed. With these curatorial practices come puritanical rituals of moral maintenance, and these stages are too often overrun with the disavowed pleasures of accusation, shaming, and denunciation. Valuable platforms for connection, organization, and skill-sharing become clogged with obstacles to productive debate positioned as if they are debate. These puritanical politics of shame—which fetishize oppression as if it were a blessing, and cloud the waters in moralistic frenzies—leave us cold. We want neither clean hands nor beautiful souls, neither virtue nor terror. We want superior forms of corruption.

What this shows is that the task of engineering platforms for social emancipation and organization cannot ignore the cultural and semiotic mutations these platforms afford. What requires reengineering are the memetic parasites arousing and coordinating behaviours in ways occluded by their hosts' self-image; failing this, memes like 'anonymity', 'ethics', 'social justice' and 'privilege-checking' host social dynamisms at odds with the often-commendable intentions with which they're taken up. The task of collective self-mastery requires a hyperstitional manipulation of desire's puppet-strings, and deployment of semiotic operators over a terrain of highly networked cultural systems. The will will always be corrupted by the memes in which it traffics, but nothing prevents us from instrumentalizing this fact, and calibrating it in view of the ends it desires.

PARITY

Xenofeminism is gender-abolitionist. 'Gender abolitionism' is not code for the eradication of what are currently considered 'gendered' traits from the human population. Under patriarchy, such a project could only spell disaster—the notion of what is 'gendered' sticks disproportionately to the feminine. But even if this balance were redressed, we have no interest in seeing the sexuate diversity of the world reduced. Let a hundred sexes bloom! 'Gender abolitionism' is shorthand for the ambition to construct a society where traits currently assembled under the rubric of gender, no longer furnish a grid for the asymmetric operation of power. 'Race abolitionism' expands into a similar formula—that the struggle must continue until currently racialized characteristics are no more a basis of discrimination than than the color of one's eyes. Ultimately, every emancipatory abolitionism must incline towards the horizon of class abolitionism, since it is in capitalism where we encounter oppression in its transparent, denaturalized form: you're not exploited or oppressed because you are a wage labourer or poor; you are a labourer or poor because you are exploited.

Xenofeminism understands that the viability of emancipatory abolitionist projects—the abolition of class, gender, and race—hinges on a profound reworking of the universal. The universal must be grasped as generic, which is to say, intersectional. Intersectionality is not the morcellation of collectives into a static fuzz of cross-referenced identities, but a political orientation that slices through every particular, refusing the crass pigeonholing of bodies. This is not a universal that can be imposed from above, but built from the bottom up—or, better, laterally, opening new lines of transit across an uneven landscape. This non-absolute, generic universality must guard against the facile tendency of conflation with bloated, unmarked particulars—namely Eurocentric universalism—whereby the male is mistaken for the sexless, the white for raceless, the cis for the real, and so on. Absent such a universal, the abolition of class will remain a bourgeois fantasy, the abolition of race will remain a tacit white-supremacism, and the abolition of gender will remain a thinly veiled misogyny, even—especially—when prosecuted by avowed feminists themselves. (The absurd and reckless spectacle of so many self-proclaimed 'gender abolitionists' campaign against trans women is proof enough of this).

From the postmoderns, we have learnt to burn the facades of the false universal and dispel such confusions; from the moderns, we have learnt to sift new universals from the ashes of the false. Xenofeminism seeks to construct a coalitional politics, a politics without the infection of purity. Wielding the universal requires thoughtful qualification and precise self-reflection so as to become a ready-to-hand tool for multiple political bodies and something that can be appropriated against the numerous oppressions that transect with gender and sexuality. The universal is no blueprint, and rather than dictate its uses in advance, we propose XF as a platform. The very process of construction is therefore understood to be a negentropic, iterative, and continual refashioning. Xenofeminism seeks to be a mutable architecture that, like open source software, remains available for perpetual modification and enhancement following the navigational impulse of militant ethical reasoning. Open, however, does not mean undirected. The most durable systems in the world owe their stability to the way they train order to emerge as an 'invisible hand' from apparent spontaneity; or exploit the inertia of investment and sedimentation. We should not hesitate to learn from our adversaries or the successes and failures of history. With this in mind, XF seeks ways to seed an order that is equitable and just, injecting it into the geometry of freedoms these platforms afford.

ADJUST

Our lot is cast with technoscience, where nothing is so sacred that it cannot be reengineered and transformed so as to widen our aperture of freedom, extending to gender and the human. To say that nothing is sacred, that nothing is transcendent or protected from the will to know, to tinker and to hack, is to say that nothing is supernatural. 'Nature'—understood here, as the unbounded arena of science—is all there is. And so, in tearing down melancholy and illusion; the unambitious and the non-scaleable; the libidinized puritanism of certain online cultures, and Nature as an un-remakeable given, we find that our normative anti-naturalism has pushed us towards an unflinching ontological naturalism. There is nothing, we claim, that cannot be studied scientifically and manipulated technologically.

This does not mean that the distinction between the ontological and the normative, between fact and value, is simply cut and dried. The vectors of normative anti-naturalism and ontological naturalism span many ambivalent battlefields. The project of untangling what ought to be from what is, of dissociating freedom from fact, will from knowledge, is, indeed, an infinite task. There are many lacunae where desire confronts us with the brutality of fact, where beauty is indissociable from truth. Poetry, sex, technology and pain are incandescent with this tension we have traced. But give up on the task of revision, release the reins and slacken that tension, and these filaments instantly dim.

CARRY

The potential of early, text-based internet culture for countering repressive gender regimes, generating solidarity among marginalised groups, and creating new spaces for experimentation that ignited cyberfeminism in the nineties has clearly waned in the twenty-first century. The dominance of the visual in today's online interfaces has reinstated familiar modes of identity policing, power relations and gender norms in self-representation. But this does not mean that cyberfeminist sensibilities belong to the past. Sorting the subversive possibilities from the oppressive ones latent in today's web requires a feminism sensitive to the insidious return of old power structures, yet savvy enough to know how to exploit the potential. Digital technologies are not separable from the material realities that underwrite them; they are connected so that each can be used to alter the other towards different ends. Rather than arguing for the primacy of the virtual over the material, or the material over the virtual, xenofeminism grasps points of power and powerlessness in both, to unfold this knowledge as effective interventions in our jointly composed reality.

Intervention in more obviously material hegemonies is just as crucial as intervention in digital and cultural ones. Changes to the built environment harbour some of the most significant possibilities in the reconfiguration of the horizons of women and queers. As the embodiment of ideological constellations, the production of space and the decisions we make for its organization are ultimately articulations about 'us' and reciprocally, how a 'we' can be articulated. With the potential to foreclose, restrict, or open up future social conditions, xenofeminists must become attuned to the language of architecture as a vocabulary for collective choreo-graphy —the coordinated writing of space.

From the street to the home, domestic space too must not escape our tentacles. So profoundly ingrained, domestic space has been deemed impossible to disembed, where the home as norm has been conflated with home as fact, as an un-remakeable given. Stultifying 'domestic realism' has no home on our horizon. Let us set sights on augmented homes of shared laboratories, of communal media and technical facilities. The home is ripe for spatial transformation as an integral component in any process of feminist futurity. But this cannot stop at the garden gates. We see too well that reinventions of family structure and domestic life are currently only possible at the cost of either withdrawing from the economic sphere—the way of the commune—or bearing its burdens manyfold—the way of the single parent. If we want to break the inertia that has kept the moribund figure of the nuclear family unit in place, which has stubbornly worked to isolate women from the public sphere, and men from the lives of their children, while penalizing those who stray from it, we must overhaul the material infrastructure and break the economic cycles that lock it in place. The task before us is twofold, and our vision necessarily stereoscopic: we must engineer an economy that liberates reproductive labour and family life, while building models of familiality free from the deadening grind of wage labour.

From the home to the body, the articulation of a proactive politics for biotechnical intervention and hormones presses. Hormones hack into gender systems possessing political scope extending beyond the aesthetic calibration of individual bodies. Thought structurally, the distribution of hormones—who or what this distribution prioritizes or pathologizes—is of paramount import. The rise of the internet and the hydra of black market pharmacies it let loose—together with a publicly accessible archive of endocrinological knowhow—was instrumental in wresting control of the hormonal economy away from 'gatekeeping' institutions seeking to mitigate threats to established distributions of the sexual. To trade in the rule of bureaucrats for the market is, however, not a victory in itself. These tides need to rise higher. We ask whether the idiom of 'gender hacking' is extensible into a long-range strategy, a strategy for wetware akin to what hacker culture has already done for software—constructing an entire universe of free and open source platforms that is the closest thing to a practicable communism many of us have ever seen. Without the foolhardy endangerment of lives, can we stitch together the embryonic promises held before us by pharmaceutical 3D printing ('Reactionware'), grassroots telemedical abortion clinics, gender hacktivist and DIY-HRT forums, and so on, to assemble a platform for free and open source medicine?

From the global to the local, from the cloud to our bodies, xenofeminism avows the responsibility in constructing new institutions of technomaterialist hegemonic proportions. Like engineers who must conceive of a total structure as well as the molecular parts from which it is constructed, XF emphasises the importance of the mesopolitical sphere against the limited effectiveness of local gestures, creation of autonomous zones, and sheer horizontalism, just as it stands against transcendent, or top-down impositions of values and norms. The mesopolitical arena of xenofeminism's universalist ambitions comprehends itself as a mobile and intricate network of transits between these polarities. As pragmatists, we invite contamination as a mutational driver between such frontiers.

OVERFLOW

XF asserts that adapting our behaviour for an era of Promethean complexity is a labour requiring patience, but a ferocious patience at odds with 'waiting'. Calibrating a political hegemony or insurgent memeplex not only implies the creation of material infra-structures to make the values it articulates explicit, but places demands on us as subjects. How are we to become hosts of this new world? How do we build a better semiotic parasite—one that arouses the desires we want to desire, that orchestrates not an autophagic orgy of indignity or rage, but an emancipatory and egalitarian community buttressed by new forms of unselfish solidarity and collective self-mastery?

Is xenofeminism a programme? Not if this means anything so crude as a recipe, or a single-purpose tool by which a determinate problem is solved. We prefer to think like the schemer or lisper, who seeks to construct a new language in which the problem at hand is immersed, so that solutions for it, and for any number of related problems, might unfurl with ease. Xenofeminism is a platform, an incipient ambition to construct a new language for sexual politics—a language that seizes its own methods as materials to be reworked, and incrementally bootstraps itself into existence. We understand that the problems we face are systemic and interlocking, and that any chance of global success depends on infecting myriad skills and contexts with the logic of XF. Ours is a transformation of seeping, directed subsumption rather than rapid overthrow; it is a transformation of deliberate construction, seeking to submerge the white-supremacist capitalist patriarchy in a sea of procedures that soften its shell and dismantle its defenses, so as to build a new world from the scraps.

Xenofeminism indexes the desire to construct an alien future with a triumphant X on a mobile map. This X does not mark a destination. It is the insertion of a topological-keyframe for the formation of a new logic. In affirming a future untethered to the repetition of the present, we militate for ampliative capacities, for spaces of freedom with a richer geometry than the aisle, the assembly line, and the feed. We need new affordances of perception and action unblinkered by naturalised identities. In the name of feminism, 'Nature' shall no longer be a refuge of injustice, or a basis for any political justification whatsoever!

If nature is unjust, change nature!

Interview with Laboria Cuboniks:
New Vectors from Xenofeminism

Ágrafa Society: We are pleased to introduce Laboria Cuboniks to Korean readers. At first, we wonder what would bring you together, six women based in different countries and fields, to perform such a experimental project *Xenofeminism Manifesto* with very interesting naming Laboria Cuboniks. Could you share your co-storytelling to manifest xenofeminism?

Laboria Cuboniks: Laboria Cuboniks was generated in the summer of 2014 when the six of us came together for a conference on rationalism organised by Peter Wolfendale and Reza Negarestani at the HKW in Berlin. None of us knew each other very well at first, but as the conference went on we found ourselves banding together to discuss the role of women in the discourses of science, rationalism and mathematics—a role that has often been viewed problematically in feminist writing as betraying some form of submission to patriarchal modes of thought. Traditionally, in the West, feminist discourses have always been allied with nature, or various strains of purely materialist philosophies. Rationality, technology and science were viewed with suspicion as oppressive.

Nevertheless, we were all interested in these areas of thought, and at the same time had strong feminist commitments and considered ourselves feminists. We were sick of that interest being denounced as "unfeminine" (or even anathema to certain strains of gender politics) and we all agreed that an alliance between feminist thought and practice and these highly technical discourses deserved a fundamental reassessment—one which would give it an explicitly positive role. This, to us, was the best way to realize a future-compatible feminist philosophy. We were sick of either being made invisible within the intellectual spaces we liked to engage with, or being relegated to 'feminist' or 'queer' sub-categories of these domains of thought. So we decided to do something about it. And that's how the manifesto was born.

Maybe it's important to add that there was quite

a lot of playfulness involved in the idea as it evolved. It began as a meme that we'd bat around between one another over the two weeks we were in Berlin together—concocting increasingly silly permutations of the pseudonymous 'Nicolas Bourbaki' (a group of mid-twentieth century mathematicians) to stand in for the absent voice of what would become—an anagram of Nicolas Bourbaki—'Laboria Cuboniks'. She quite seriously began as an effective fiction which made itself real—a 'hyperstition'.

> A8: How have you been going on your activities since the manifesto announced in 2014? We can find that you have taken talks, lectures in various places like on museum, academia, etc., and interviews with online media across the world. Do you feel or receive any significant response on xenofeminism manifesto from other feminists movements or art practices having in common?

LC: Writing the manifesto online after we had returned to our respective homes across the globe was the moment where we worked most intensely together on a single project. Partially because of the huge physical distances between us and partially because we all have diverse skills and interests in what Laboria Cuboniks (hereafter 'LC') can do, we have often worked in smaller groups or presented our work individually in countries that are accessible for each of us. Paradoxically, the global nature of LC has lead to a fragmentation of sorts. This suits the project because LC has always been something of an emergent entity—she is more than just the work of six individual women. Often other writers, thinkers and artists have produced work in the guise of xenofeminism, or have been involved in collaborative projects with us in various ways.

LC has shared a close relationship with cyberfeminism from the beginning. We have worked with various cyberfeminist artists and writers since 2014, when we timidly wrote to members of the Australian

cyberfeminist group, VNS Matrix (famous for their text A *Cyberfeminist Manifesto for the 21st Century*, written in 1991), and asked them to participate in a seminar we were involved in. To our surprise they wrote back immediately and said yes! Since then, VNS Matrix have done several collaborations with LC, ranging from zine publications and talks, to large public performance works, including a piece with the Australian feminist performance 'artist' Barbara Cleveland (previously known as Brown Council) for the 20th Biennale of Sydney, and a collaboration with VNS Matrix's Virginia Barratt to write an original libretto for Marcin Pietruszewski's *(dia)grammatology* of space—a series of exploratory articulations between mechanical speech analysis/re-synthesis, and computer music. The cyberfeminist artist Linda Dement has also worked with members of LC, producing experimental code-poetry among other things, and xenofeminism has been enshrined alongside our feminist heroes on the corrupted, memorial 'Cyberfeminist Bedsheet' that Dement and her collaborator Nancy Mauro-Flude, created in 2018. We've also been approached by cyberfeminist collectives in Russia, such as Intimate Connections, and the HOMAR collective in Poland, who published a manifesto for xeno-sexuality in 2018.

> AS: LC somewhat reminds of Claire Fontaine, a Paris — based collective spelling out themselves as a feminist and conceptual artist, founded in 2004. In a way, LC seems not only a collective, but also an agent/avatar. Did you mean it as a feminism theorist or activist?

LC: In some ways LC might be more of an agent/avatar than a collective. As mentioned above, the only thing we have done that included all original members was the manifesto itself, but much of the work and thinking that has happened subsequently through smaller groupings or with others that were not present at the origin in Berlin. So LC and xenofeminism exceed just us six. She is a mutable form that can be inhabited

by many, eschewing personal identity and indexing what the manifesto describes as 'no one in particular' and the 'desire to construct an alien future': a constantly moving 'X on a mobile map'. This alien future isn't some preconceived ideal state—otherwise it wouldn't be 'alien'—but the constantly mutating labour of a more just and novel future, always open to unexpected information and inputs. A form of constant learning, ready to jettison old biases where they are deemed repressive and unuseful. This is one of the reasons behind the positive attitude towards alienation that we espouse in the manifesto. Alienation as the freedom to let go of the oppression of past configurations of the world and integrate new models on the fly.

> A8: Xeno, this prefix looks relatively unfamiliar in feminist terms, even though its meaning is the stranger or the alien which unsettles the boundary of constitute human being. What would you mean the implication of the xeno particularly in terms of contemporary technical or future circumstances?

LC: To help clarify the operation of 'xeno' in xenofeminism, we can draw from etymology of the word. The meaning of the Greek word 'xenos' has a triple signification, which is often obscured in its simplistic reduction to that which is 'foreign', and can be understood as such:

a) Xenos, of course does refer to foreignness, but is more precisely someone outside a particular known community, with no clearly defined relationship; or something outside familiar modes of identification or epistemic classification;

b) Xenos as an Enemy/Stranger, or as something unknown which is potentially a promise or a threat;

c) Xenos as a guest friendship (as opposed to Philos, the root of philosophy, referring to local or known friends), or a guest relationship to that unknown thing or idea.

What this triple signification of xenos indicates, is

an inherent uncertainty or ambiguity as to the status of an unknown entity. It indicates a both/-and relationship, seeing as xenos can be neutral, threatening or friendly, perhaps even all these qualities simultaneously. Xenos can be best understood in the context of 'Xenia', the Ancient Greek protocol for obligatory hospitality, illustrated through several myths where Gods make appearances as humans to test a given community in their enactment of xenia, by seeking refuge as strangers. In xenofeminism we see 'xeno' as a navigational principle, extending to both human and non-human interrelations, as well as to epistemic negotiations with the unknown.

Although they are distinct concepts in the manifesto, 'alienation' and the way this term re-tooled here is key to the way the prefix 'xeno-' should be understood for xenofeminism. In the xenofeminism manifesto, alienation is not something one feels as an individual. We are not just speaking about the estrangement of an individual subject from a community or society. It functions on another scale. It is instead the estrangement between our sapience and sentience. If we understand sapience to be the human ability to use reason to both reflect and consciously act on the world and by extension to construct it, and sentience as having awareness of one's surroundings but not the capacity to deliberately reflect and act on it, there is an alienation between these conditions. That is not to say it is a clean split between these states. However, there is a sufficient split to cause this estrangement whilst at the same time, the conditions are constitutively connected, both on the scale of the individual as well at a more distributed societal as well as global scale.

Xenofeminism manifesto establishes an understanding of alienation that both knows, for example, that particular configurations of matter have combined in such a way that the universe has come to know itself, whilst also embodying that very configuration of matter. It is this estrangement between the constituent of that part of the universe that can be said to know itself

and that which can not. It is this estrangement that allows humans to think about concepts that exist outside of experience. It is this alienation that makes abstraction possible. Helen Hester (one of LC's co-founders) is developing the idea of Sapience + Care. She speaks about it in a recent article in the humanities journal Angelaki where she writes of

> 'our status as alienated beings with the ability to reason plus the unique responsibility for stewardship that this alienation arguably bestows upon us. So, for example, as a species capable of achieving an abstract understanding of ecologies, and with an unsurpassed insight into complex and intersecting global systems (including environmental, economic, infrastructural, and sociopolitical networks) humans have a seemingly matchless capacity to attend to the environment beyond our local situations. We can understand and act on the world beyond the spaces that we can immediately perceive through our sense organs, and are thus capable of (in Bernard Stiegler's words) constituting 'a new social rationality, productive of motivation, of reasons for living together, that is, of taking care of the world and of those living there'.[1]

So the 'alien' of alienation in this specific sense that xeno- indicates can be another fruitful way to understand the xeno. It is the gap between what is, and what can be understood and imagined, that gives us purchase on the future.

> AS: "Let a hundred sexes bloom." it seems fantastic! This fragment looks far different from usual strategies of struggles for gender equality in legal system or any social institution, because the manifesto is focusing on the emancipation from the current exploitation and un-

Helen Hester, Sapience + Care: reason and responsibility in posthuman politics, Angelika—Journal of the Theoretical Humanities, Volume 24, 2019. Issue 1: alien vectors: accelerationism, xenofeminism, inhumanism. pp. 72-73, 76.

1   Helen Hester, Sapience + Care: reason and responsibility in posthuman politics, Angelika—Journal of the Theoretical Humanities, Volume 24, 2019. Issue 1: alien vectors: accelerationism, xenofeminism, inhumanism. pp. 72-73, 76.

fair in techno-political and biological circumstances. In this respects, would you elaborate more your concepts and practices of 'gender abolition' or 'gender hacking'?

LC: In the manifesto LC writes that '"Gender abolitionism" is shorthand for the ambition to construct a society where traits currently assembled under the rubric of gender, no longer furnish a grid for the asymmetric operation of power.' Importantly, 'gender abolition' doesn't mean the abolition of markers of gendered difference, but an abolition of the *categories* that determine *possible* and *legitimate* genders in advance, along with the social and discursive power these positions automatically grant. One example is the binarism that ushers in the whole notion of 'passing' in trans representation. The in-between is just as valid as a position to occupy. 'Gender hacking' comes in here as a supportive and affirmative mode of sharing, and experimenting with, various sex technologies across the entire spectrum of social and technical innovation—from women's health information groups and robotically-aided reproductive labour, to ectogenetic and endocrinal technologies. To paraphrase Spinoza, 'we don't know what a body can do'.[2] So gender abolition is a formula that gestures towards a future in which difference may become so alien that we no longer have a contemporary representational system sufficient to its description.

Xenofeminism's fundamental commitment to transfeminisim makes a case for eschewing a gender politics grounded in categorical identities in favour of a feminism based on always malleable states and processes—transits and transformations—what VNS Matrix has called a 'slime politics'. We advocate for the system of rigid gender difference to be abolished via the proliferation of fluid sex and gender differences. It is a creative, rather than a destructive, approach.

A8: Perhaps, one can say that the most misreading part in the manifesto is the positive for the scientif-

ic-rationality. It could misunderstood that still subjec-
tion to reason means not giving up being (hu)man.
Because rationalism has so far been understood as the
male-centered idea or invention, while feminism has
been against the rationalism. How and what are differ-
ences as for 'rationalism' or 'science' between one in
the context of xenofeminism by LC and historically still
existing one of male-dominant hegemony?

LC: Reason allows feminism to work across different
scales of complexity, from the personal to the abstract.
This is why the activity of reasoning, an activity en-
acted by most humans (with the exception being those
facing catastrophic limitations due to their endowments
or circumstances of brain injury that diminish cognitive
agency), even if often historically disregarded, needs to
be claimed. It's a capacity to battle over and expand, not
one to cede.

    There are vectors from feminist epistemolo-
gies that xenofeminism extrapolates from, as a way
to combat the historical exclusivity of this category,
while aligning the power to reason with the valences
of planetary interconnection that constitute our pres-
ent condition. One of the primary tenets of feminist
epistemologies stems from Donna Haraway's 'Situated
Knowledges' (written over 30 years ago)—where she
pushes for different understandings of 'objectivity' apart
from the 'god's eye trick' of impartial knowledge-mak-
ing. Put broadly, her framing demands a situated ac-
counting for the local geo-historical-material contexts
from which one speaks, thinks, relates, learns and acts,
as a bi-directional form of agency between the knower
and her object of thought.

    Today, however, how are we to define the 'position'
from where a knower is situated? It's not a straight-
forward question considering the entanglements of
locations (both on and off-line) that mutually co-consti-
tute one another. Our personal situations, while indeed
particular and different from one another in substantial
ways, are also conditioned by multiple locations at

once (i.e. caught in deep production chains; while online interactions see our signals/data bouncing around the globe throughout various corporate, state and geo-political jurisdictions). Here we can only account for multi-locatability through an understanding of situated-ness that figures one's particular position as a synthesis between the specific and the global. Situatedness is, therefore, not atomizable.

Reasoned abstraction is, in itself, required for imagining one's material situatedness in this discretely continuous (and vice versa) way. This relative, and not absolute understanding of 'position' allows us to also ask: From what scale is situatedness mapped? From the scale of a singular human in the world, or from the scale of humanness as such? Do we have to choose scales? When the human is decentered at the plan-etary scale, can that abstract schematic work upon our understanding of positioning at a personal scale? Xenofeminism is interested in probing this synthetic picture of personal situatedness as already productive-ly contaminated by that which is extra-local to it.

This also connects with a commitment to feminist inhumanism, where the rational and the natural are bound together in a loop of constant revisability. Rea-son is the capacity that enables us to lever ourselves out of 'the given'—whether that is understood as bio-logical determinism or so-called 'natural' hierarchies which operate as control systems for determining and constraining the capacities of bodies. It's here where we can say that every situation contains within it the possibility for re-situation, emphasizing the point that all modes of situatedness (material and conceptual) are never fixed to a finite position.

Reason within Xenofeminism additionally notes the need for the residues of reason, to be reasoned with. Just because the techno-sciences, for instance, may have the power to construct new tools or tech-nologies, does not mean, by default, they *ought* to be built. This is where knowledge intersects with political and normative domains, when it enters the category

of 'use'. If one of the long-standing legacies of feminist epistemologies is to insist on the parity between propositional forms of knowing and knowing-how, we must additionally highlight the importance of hypothetical thought in thinking the consequences of reason's material incarnations. Xenofeminism remains committed to this important intersection between what is known, how that knowledge is potentially put to use, and the crucial dimension of narration for politicizing how reason is instrumentalized in relevant and equitable ways.

> A8: We can find so many imaginations or scenarios of the future in technological hegemony and complexity, but most of them have illustrated, so far, the dystopian worlds without any humanity (Even Firestone's utopian project carefully described the radical development of the computational and biological technologies 'as a double-edged sword' as far as it is in the hands of the present powers, which might be a nightmare.) How can we imagine the feminist-technological future beyond utopianism through xenofeminism?

LC: In reference to Firestone's 'double-edged sword', this certainly continues to be the case, for biological technologies specifically, as well as technology more generally. Technological change has always had two faces, hence the realistic acknowledgement of risk and the refusal of utopian politics in the manifesto. But this is why the construction of non-oppressive norms and hegemonies, a project which xenofeminism is a part of, is so important now as technologies develop at an ever-accelerating rate. If the code of what humans will become is written in a condition of norms blind to inequalities of gender, race, and class, these blind spots will continue to determine our future. Pernicious norms will become ever more deeply entrenched and constitutive of our future selves. As the development of AI is in its infancy, this is one of the urgencies of xenofeminism.

With regard to a future that is neither dystopian or utopian, we could return to the concept of alien-

ation. Alienation is useful for thinking out the human relationship to something like global climate change, a condition that functions at a scale that is both experiential, in that individuals experience the effects of climate change in their everyday lives, and outside the scale of the experiential, in that both its effects and causes are complex and interconnected and need to be confronted in and as a condition of abstraction if they are to be dealt with adequately. The xenofeminism approach to such problems is one of constant modulation between different scales of comprehension and intervention—connecting micro, meso and macro levels of complexity, without privileging one scale in particular.

The nation state, for example, is a human invention born out of a capacity for abstraction that at one point in world history would have been a scaling up of a social contract, but climate change shows us that the scale of the nation is no longer adequate to how we are functioning on the planet (this is with regards to profit-driven technological innovation blind to everyday oppressions as well as climate change) and this further scaling-up can not happen without abstraction. So this prospective future would be one where we use our capacities for abstraction to make material and political commitments to scales and realities outside of our personal experience, in such a way that also takes into account the demands of smaller scale realities.

The effects of climate change are not and will not be felt equally. We need to be able to use our capacity for large-scale abstraction to make commitments in the present to kin (in the broadest sense, to the more-than-human) that are already suffering the current effects of climate change as well as future kin that to not yet exist that will potentially feel these effects even more deeply, whilst also being cognisant of how such abstractions play out on a micro-ecological level. The capacity for abstraction—a capacity that is specific to sapience and the ability to reason—allows feminists to act on a macro level, at the level of globe (and beyond) but it cannot simply be implemented without also taking the other

levels into account. So the tactical use of hegemony in the manifesto is one in which macro levels of abstraction that are equal to planetary problems such as overpopulation and climate change are negotiated from the ground up, in a constructive relationship with micro and meso levels of experience.

A8: One of that we are struck by xenofeminism is that it doesn't miss the emergent and realistic issue on feminist movement about reproductive and pharmacological matters, particularly, the abortion matters outside of medical policy. In South Korea, safe abortion and reproductive health is the most recent issue, because abortion is only legal if the pregnancy causes the woman serious physical health issue or the case if testified as rape. What would you like to say to the Korean society or feminists who are doing against the circumstances here?

LC: Secure and effective control over our own reproductive capacity is a *fundamental* objective of any sincerely feminist project, and our commitment to this, as xenofeminists, is unwavering. What's at issue here, in the end, is bodily autonomy. The conservative proposal that our right to assert autonomy over our wombs and reproductive futures can only be legitimated by a cruel *violation* of that same autonomy—by rape, or by a threat to our health—is repugnant to us. We have tremendous respect for the feminists in Korea who are fighting to secure that fundamental freedom.

At the same time, we stress that technologies of bodily autonomy are not sufficient in and of themselves. We must remember that any meaningful 'right to choose' must include but also extend beyond abortion as a medical procedure—it must incorporate all those social conditions which impact upon our autonomy and shape the viability of so-called 'life choices'. This would include secure housing, protection from violence (including that of the carceral state), support for carers, a safe and liveable environment, and so on. We also

see the struggle for free and secure access to abortion to be continuous with other, no less urgent struggles for autonomy over gendered embodiment that are everywhere being fought by trans people. We are thrown into this world of flesh, carved up by gender and skewed by power, under circumstances that are not of our choosing, but feminism is *nothing* if not the will to defy those circumstances, and reforge them into something new. Biology ceases to be destiny only insofar as we are free to control our biology, and refuse to let it merely be a means by which we, ourselves, are controlled by others.

In concrete terms, in the context of gender, this begins with unfettered access to abortions *on demand*, free access to 'morning-after pills' (levonorgestrel, etc.), free access to sex hormones (testosterone, estradiol, progesterone, etc.), and hormone-blocking agents (spironolactone, leuprorelin, etc.), and unrestricted access to surgical procedures dealing with gendered morphology. It's no coincidence that these means are so polemically charged, since they all represent ways in which me may wrest back some control over the ways in which gender is written into our bodies by 'nature'.

If the State stands in the way of these objectives, then feminism's mandate is to find means of bypassing those restrictions, to build the groundwork, ourselves, for the freedom that the State denies us. Xenofeminism sees the restriction of bodily autonomy as damage, and routes around it.

Xenofeminism: A Politics for Alienation

First Published by
Mediabus, Ágrafa Society
in Seoul, May 2019

Translation
Ágrafa Society

Design
Meanyoung Yang

ISBN
979-11-966934-1-1 93600

KRW 10,000

Mediabus, 2019
201, Jahamunro 10gil
22, Jongno-gu, Seoul
Tel. 070-8621-5676
Fax. 02-720-9869
mediabus@gmail.com
www.mediabus.org

글
세

우리의 세계는 현기증 속에 놓여 있다. 우리의 일상에 추상성, 가상성, 복합성을 엮어내는 이 세계는 기술적인 매개로 가득하다. 제노페미니즘(이하 'XF')은 이러한 현실을 수용하는 페미니즘, 전례 없는 숙련도와 스케일과 비전을 갖춘 페미니즘이다. XF는 인종과 장애와 경제적 지위와 지리적 구속을 횡단하여 모든 인간의 요구에 따라 구성된 보편주의적 정치에 공헌하는 젠더 정의와 페미니즘 해방이 실현되는 미래이다. 자본의 쳇바퀴 위에서의 전망 없는 반복도, 생산이든 재생산이든 고역스러운 노동에 대한 복종도, 비판으로 위장한 주어진 것들의 사물화도 더이상 있을 수 없다. 우리/XF의 미래는 탈화석화를 요구한다. XF는 혁명을 바랐지만 안 되도 그만인 노력이 아니라, 상상력과 민첩함과 끈기를 요구하는 긴 역사의 게임판에서 이기지 못하면 모두를 잃게 되는 판돈이다.

XF는 새로운 세계를 생산할 추동력으로서 소외를 포착한다. 우리는 모두 소외되어 있다. 아니, 우리가 소외되지 않았던 적이 있던가? 우리가 스스로를 속도의 배설물로부터 해방시킬 수 있는 것은, 이 소외된 조건에도 '불구하고'가 아니라, 그 조건을 '통해서'이다. 자유는 그저 주어진 것이 아니다. 자유가 '자연적인' 어떤 것으로부터 주어지지 않았음은 확실하다. 자유의 구축은 다름 아닌 소외를 포함한다. 그리고 소외는 자유를 구축하는 노동이다. 물질적 조건이든 사회적 형태든 간에, 어떤 것도 고정적이고 영구적이거나 '주어진' 것으로 받아들여서는 안 된다. XF는 모든 지평을 변형시키고, 항해하고, 탐색한다. 지배적인 생물학적 규범에 직면해 '비자연적'이라고 간주되는 누구라도, 자연의 질서라는 이름으로 초래된 부정의를 경험한 누구라도, '자연'의 찬미가 우리(우리 가운데 퀴어나 트랜스와 각기 다른 가능성을 지닌 differently-abled 이들은 물론, 가임의 의무나 양육의 의무로 인한 차별로 고통 받는 이들)에게 아무것도 제공하지 않는다는 것을 깨달을 것이다. XF는 맹렬한 반反자연주의자들이다. 본질주의적 자연주의는 신학의 악취를 풍긴다. 이런 악령은 빨리 쫓아낼수록 좋다.

왜 진보적인 젠더 정치의 목적을 위해 기술을 용도 변경하려는 명쾌하고도 조직화된 노력이 그토록 없는가? XF는 세계를 재편하기 위해 현존하는 기술을 전략적으로 사용하고자 한다. 이러한 도구들에는 심각한 위험이 장착되어 있다. 이것들은 불균형적인데다 남용되기 쉽고 약자를 착취하기 마련이다. XF는 위험을 피하기보다는, 이러한 위험에 반응하는 테크노-정치적 인터페이스 조립의 필요성을 옹호한다. 기술은 천성적으로 진보적이지 않다. 기술의 사용은 선형적인 사건들, 예측, 그리고 절대적인 경고를 불가능하게 만드는 실증적인 피드백 루프 안에서 문화와 융화한다. 과학기술적인 혁신은 여성, 퀴어, 젠더 비규정성이 서로 비교될 수 없는 역할을 수행하고 있는 이론적이고 정치적인 집단적 사유와 연결되어야 한다.

기술이 지닌 진정한 해방의 잠재력은 여전히 실현되지 않았다. 시장의 공급에 의해 기술적 급성장은 헛바람이 되고, 고상한 혁신은 구매자에 투항해 그들의 정체된 세계를 장식하는 데 그치고 만다. 상품화된 불량품의 시끄러운 난장판을 넘어, 궁극적인 과제는 재생산 수단과 약품에 대한 불평등한 접근권, 환경적 대재앙, 경제적 불안정성, 무임금/저임금 노동의 위험한 형식들과 싸우는 기술을 구현하는 것이다. 전자 기계를 만드는 여성 노동자들이 (산업이라는 명목하에) 가장 저임금의 악명 높은 고위험 노동을 수행하는 동안, 우리의 기술이 고안되고 구축되며 입법되는 영역에서 젠더 불평등적 특성은 여전히 두드러진다. 이러한 부정의는 구조적, 기계적, 이데올로기적으로 교정되어야 한다.

제노페미니즘은 합리주의다. 이성이나 합리성이 '자연적으로' 가부장적 활동임을 주장하는 것은 패배를 인정하는 것이다. 고전적 '사유의 역사'를 남성이 지배했음은 사실이며, 이들이 현존하는 과학기술 제도의 목을 죄고 있음 또한 목격된다. 이것이 바로 페미니즘이 합리주의가 되어야 하는 이유이다. 이러한 비참한 불균형에도 불구하고가 아니라, 그것 때문인 것이다. 합리성에는 '여성적'인 것도, '남성적'인 것도 없다. 과학은 젠더의 표현이 아니라 젠더의 유예다. 만약 오늘날에도 과학이 남성적 에고에 의해 지배된다면, 이는 과학 자체에도 조화롭지 못한 처사이다. 그러나 이러한 모순은 지렛대로 작용할 수 있다. 이성은 정보처럼 자유롭고자 하는 속성이 있다. 가부장은 이성에 자유를 허하지 않으니, 합리주의 자체가 페미니즘이 되어야 한다. XF는 이러한 주장이 상호보완적으로 교차하는 지점을 드러낸다. XF는 이성을 페미니즘 해방의 엔진으로 명명하고, 누구나 보편자로서 말할 권리를 선언한다.

코끼뱅

최근 수십 년 동안 페미니즘 의제들이 보여준 과한 단정함은 우리의 현실이 지니는 괴물적인 복잡성과 어울리지 않는다. 우리의 현실은 광케이블, 라디오와 전자파, 석유가스관, 항공로와 해로, 그리고 1/1000초마다 벌어지는 수백만의 커뮤니케이션 프로토콜의 꾸준한 동시적 실행으로 직조된다. 체계적인 사유와 구조적인 분석은 고정된 지역성과 파편화된 반란에 묶인 채, 경탄스럽지만 불충분한 투쟁의 성격을 띠며 대부분 중도에 실패했다. 자본주의가 복잡하고 무한히 증식하는 총체성으로 이해되는 반면, 다수의 해방적이고자 하는 반자본주의 기획들은 보편성으로의 이행을 여전히 너무나 두려워하며, 거시 사변적 정치학을 필요악이라 하며 거부하고 있다. 보편성을 절대적인 것으로 간주하는 그러한 허위 보증은 우리가 폐위시켜야 할 목적과 이를 위한 전략 사이의 분리를 약화시키고 있다.

전 지구적 복잡성으로 인해 우리는 긴급한 인식적, 윤리적 요구에 열려있게 되었다. 이 요구들은 침묵한 채 지나칠 수 없는 프로메테우스의 책무와도 같다. 포스트모던 정체성 정치의 유물에서 동시대의 폭넓은 에코페미니즘에 이르기까지, 21세기 대부분의 페미니즘은 이러한 도전을 실제적이며 지속적인 변화를 만들어 낼 수 있는 방식으로 적절히 발언하며 분투하고 있다. 제노페미니즘은 다중적 차원의 정치적, 물질적, 개념적 조직들 사이를 이행하는 능력을 가진 집합적 에이전트로서 전력을 다해 이러한 의무를 직시하고자 한다.

우리는 확실히 종합적인 존재라 분석만으로는 만족하지 못한다. XF는 서술description과 처방prescription 사이의 구성적인 진자운동을 통해 젠더, 섹슈얼리티 그리고 권력 차이에 기반한 동시대 기술이 지닌 순환적 잠재력을 작동시키고자 한다. 소셜미디어의 성희롱부터, 신상털기, 프라이버시 그리고 온라인 이미지 보호에 이르기까지 다양한 젠더 위협이 디지털 라이프에서 벌어지고 있는 상황은 컴퓨터에 익숙한 페미니즘을 요구한다. 오늘날 우리가 네트워크로 연결된 세계의 구성요소들에서 페미니즘적 개입을 지원하고, 이를 용이하게 만들 이데올로기적 인프라구조를 개발해야 한다는 것은 이제 정언명령이다. 제노페미니즘은 디지털 자기방어나 가부장적 네트워크로부터의 해방 그 이상을 바라본다. 우리는 긍정적인 자유, 말하자면 '~으로부터의 자유'라기보다 '~을 향한 자유'의 활동을 일궈나가고자 한다. 그래서 우리는 현재 테크놀로지를 차용하는 기술, 공공의 목표에 복무하는 인식적, 물리적 도구를 발명하는 기술을 페미니스트 스스로 가져야 한다고 촉구한다.

기술적으로 매개된 형식의 발전에 따라 (그리고 소외에 따라) 제공되는 급진적인 기회가 더 이상 소수에게만 이익을 가져다주도록 고안된 자본의 독점적 이윤에만 쓰여서는 안 된다. 비록 포괄적인 접근성을 담보하진 못한다 하더라도, 거기에는 계속 확산되는 부속 도구들, 역사상 지금처럼 광범위하게 사용되고 세심하게 전용된 적 없던 디지털 도구들이 있다. 이는 확장되는 기술 산업이 세계의 엄청난 빈곤에 오히려 악영향을 끼치고 있다는 사실을 (끔찍한 조건에서 일하는 공장 노동자들부터 글로벌 권력의 전자폐기물을 위한 저장소로 전락한 가나의 마을들까지) 누락하는 것이 아니다. 오히려 이러한 조건들을 척결해야 할 대상으로 분명하게 인식하자는 것이다. 주식 시장의 발명이 파산의 발명이기도 하듯이, 기술적 발명에는 기술의 구조에서 책임져야 할 조건 또한 예견된다는 사실을 제노페미니즘은 알고 있다.

XF는 정치적 억제제인 환영과 멜랑콜리를 거부한다. 환영은 어떤 전략적 협력 없이 약자가 강자를 이길 수 있다는 맹목적인 가정으로서, 실현 불가능한 약속과 통제할 수 없는 충동으로 이끈다. 이는 말하자면 포부는 원대하나 별 결실 없는 정치일 뿐이다. 대규모의 집단적·사회적인 노동자의 조직화 없이, 전 지구적 변화에 대한 열망을 선언하는 것은 희망사항일 뿐이다. 한편으로 (좌파에게 고질적인) 멜랑콜리는, 해방이란 슬프게도 멸종된 종이며, 부정의 일시적 신호들만이 바랄 수 있는 최선이라고 우리에게 가르친다. 최악은 그러한 태도가 다름 아닌 정치적 무기력을 양산하고, 기껏해야 종종 파벌주의나 하찮은 훈계로 전락해버리는 식으로 절망이 만연한 분위기를 형성하는 것이다. 멜랑콜리의 병폐는 정치적 무력감을 심화시킬 뿐이다. 그래서 '현실적'이라는 말로 위장한 채 세계를 다르게 보정할 모든 희망을 포기한다. 그 병에 대항해 XF는 예방접종을 실시한다.

전 지구적인 추상화의 흐름을 전복시키기 위해 지역을 안정화시키는 정치를 수용하는 것으로는 충분하지 않다. 자본주의 역학에서 이탈하거나 그것을 부인하더라도 우리는 자본주의를 사라지게 만들 수 없을 것이다. 마찬가지로, 가속체에 장착된 비상 브레이크를 잡아당기자는 제안들, 속도를 늦추거나 규모를 줄이자는 요청 또한 단지 소수에게만 실현 가능할 뿐 (이는 배타성이 지니는 폭력적인 특수성일 뿐), 다수에게는 궁극적인 재앙으로 남게 된다. 마이크로 커뮤니티를 넘어 사유하기, 파편화된 반란들 사이에 연대를 촉진하기, 해방적 전술들이 보편적 실행으로 확대될 수 있는 방법을 고려하기 등을 거부하는 것은, 그저 일시적이고 방어적인 제스처에 안주하는 것이다. XF는 우리의 모든 외래 친족들을 위한 거대한 사회적 변화의 가능성에 대한 공격적이며 맹렬한 확언의 소산이다.

복수적이면서도 고정적인 젠더 정체성의 성좌를 지향하면서, 세계의 변동성과 인공성에 대한 감각은 동시대 퀴어 및 페미니스트 정치에서 점차 사라져가는 것 같다. 여기에는 선함과 자연적인 것의 동일시라는 어두운 빛이 완고하게 복원된다. '관용'의 문지방이 감탄스러울 만큼 넓어진 반면, 우리는 구속 안에서 위안을 찾는다는 이야기를 너무나 자주 듣고 마치 자연의 축복을 변명하는 것처럼 이렇게 '태어난' 존재의 권리를 주장한다. 그러는 동안 이성애규범적인 핵심부는 순항하고 있다. XF는 섹스와 젠더가 규범과 사실의 무게중심을 결정하는 전형적인 지렛대라는 걸 똑바로 인지하면서, 이러한 원심적인 관계항에 도전한다. 자연이라는 방향으로 지렛대를 기울이는 것은 기껏해야 방어적인 양보일 뿐이며, 타협을 넘어 트랜스 및 퀴어 정치가 되어야 할 그 무엇으로부터 퇴각하는 것에 다름 아니다. 트랜스 및 퀴어 정치는 불변할 것처럼 보이는 하나의 질서에 맞서 굴함 없는 자유의 단언이 되어야 한다. 주어진 것에 대한 모든 신화와 마찬가지로, 안정적인 기반이란 카오스, 폭력, 의심으로 이뤄진 진짜 세계에 대한 우화일 뿐이다. '주어진' 것은 공적 결론의 전선에서 퇴각해 하나의 확실성으로서 사적 영역 안으로 격리된다. 이행transition의 가능성이 실현되고 알려짐과 동시에, '자연'의 성지 아래 있는 무덤에는 금이 가고, (미래로 가득 찬) 새로운 역사는 오랜 '성sex'의 질서에서 벗어났다. 규율적인 젠더 분할은 그렇게 부서진 기반을 꿰매고, 거기서 이탈하는 생명체들을 길들이는 데 상당한 힘을 발휘하고 있다. 이제 그 성지를 완전히 파괴할 때가 왔다. 더 이상 우리는 한 줌의 자율권을 얻고자 동정 어린 양해를 구하며 그것에 조아리지 않을 것이다.

0×0C

한때 '사이버스페이스'가 본질주의적 정체성 범주의 구속을 벗어날 수 있는 전망을 제공했다면, 동시대 소셜미디어의 경향은 급격히 다른 방향으로 휩쓸려왔고, 정체성을 숭배하는 극장이 되어버렸다. 큐레이토리얼 실천들에서도 도덕을 관리하는 청교도적 제의들이 등장했으며, 이러한 무대는 너무나 자주 고발, 경멸, 맹렬한 비난이라는 부인된 쾌락으로 가득찬다. 연결, 조직화, 그리고 기술 공유를 위한 가치 있는 플랫폼들은 마치 진짜 논쟁거리라도 되는 체하는, 생산적인 논쟁에 대한 방해물들로 막혀버렸다. 이러한 청교도적 수치심 정치—마치 억압을 축복인 것 마냥 물신화하고, 도덕주의적 광분으로 혼탁하게 만드는 정치—는 우리를 차갑게 식게 만든다. 우리는 깨끗한 손도, 아름다운 영혼도, 미덕도, 공포도 원치 않는다. 우리는 오염의 탁월한 형식을 원한다.

이는 사회적 해방과 조직화를 위한 플랫폼을 설계하는 과제가 이러한 플랫폼들에 닥친 문화적·기호적인 변형을 무시할 수 없다는 점을 보여준다. 숙주의 '자기-이미지' 속에서 행위를 불러일으키고 조직화하는 모방적 기생충들은 다시 설계되어야 한다. 이러한 재설계에 실패하면서, '익명성', '윤리', '사회정의' 그리고 '특권 확인'과 같은 밈meme들이 자신들 안에 설정된 갸륵한 목적과 불화하면서 사회적 운동성을 주관하고 있다. 집단적인 자기 관리라는 과제는 욕망의 꼭두각시를 하이퍼스티셔널hyperstitional 하게 조작할 것을, 그리고 고도로 네트워크화된 문화 시스템의 영역을 지배하는 기호 조작자들을 고용할 것을 요구한다. 의지는 언제나 자신이 거래하는 밈들에 의해 타락하게 될 것이지만, 그 무엇도 우리가 이런 사실을 도구화하는 것을, 그리고 그 의지가 욕망하는 목표의 관점에서 그것을 보정하는 것을 막지 못할 것이다.

립교

제노페미니즘은 젠더폐지론자들이다. '젠더폐지'는 현재 인간 집단에서 '젠더화된' 특징으로 간주되는 것들을 완전히 근절하기 위한 코드가 아니다. 가부장제 아래에서는 그러한 어떤 프로젝트도 재앙을 의미할 뿐이다. '젠더화된' 것이라는 개념은 대개 여성적인 것에만 들러붙기 때문이다. 그러나 비록 이러한 균형을 바로잡는다 하더라도, 우리의 관심사는 세계의 다양성을 성차로 환원시키는 것이 아니다. 100가지 성들이여 피어나라! '젠더 폐지론'은 현재 젠더를 규정하고 있는 특질들이 더 이상 권력의 불균형적 작동을 위한 비교 기준이 되지 않는 사회를 구축하려는 야망의 약칭이다. '인종 폐지론'도 유사한 공식으로 확장된다. 그 투쟁은 현재 인종화된 특징들이 더 이상 차별의 근거가 아니라 그저 누군가의 눈동자 색에 지나지 않을 때까지 지속되어야 한다. 우리가 투명한 형태로, 또 탈자연화된 형태로 억압을 마주하게 되는 자본주의 체제 이래로, 궁극적으로 모든 해방적 폐지론은 계급 폐지의 지평을 향한다. 당신은 임금노동자이거나 가난하기 때문에 착취당하고 억압당하는 것이 아니다. 당신은 착취당하고 있기 때문에 노동자이거나 가난한 것이다.

제노페미니즘은 계급/젠더/인종의 해방적 폐지 프로젝트가 발아할 수 있는 가능성이 보편성을 다시 깊이 고찰하는 데에 달려있다고 본다. 보편성은 유적인 generic 것으로, 말하자면, 교차성으로 이해되어야 한다. 교차성은 상호참조적인 정체성들이 지니고 있는 고정적인 혼잡함 속으로 집단을 분해시키는 것이 아니라, 신체를 한정된 범주들로 무신경하게 분류하는 것을 거절하면서 개별자들을 횡단하려는 정치적 지향이다. 이것은 위로부터 부과될 수 있는 보편이 아니라, 아래로부터 구축하는 보편이다. 아니 오히려, 울퉁불퉁한 풍경을 비스듬히 가로지르는 새로운 이행 항로를 여는 것이다. 이러한 비절대적이고 포괄적인 보편성은 비대해지고 '표식 없는' 개별성(주로 유럽중심적인 보편주의)에 융합되는 안이한 경향에 단단히 맞서야 한다. 무성으로 오인되는 남성적인 것, 인종없음으로 오인되는 백인, 실재로 오인되는 '시스cis' 등등. 그러한 보편성 없이 계급의 폐지는 부르주아적 환상으로 지속될 것이고, 인종의 폐지는 암묵적인 백인우월주의로 유지될 것이며, 젠더의 폐지는 심지어 (특히) 스스로를 페미니스트라고 공언하는 이가 주장할 때에도 살짝 은폐된 여성혐오가 될 것이다. (트랜스 여성에 반대하면서 스스로를 '젠더폐지론자'라고 주장하는 그토록 많은 캠페인들의 터무니없고 난폭한 광경이 이를 너무나 잘 입증한다.)

우리는 포스트모더니즘으로부터 거짓된 보편성의 파사드를 불태우고 혼동된 개념을 타파하라고 배웠다. 그리고 우리는 현대로부터 거짓의 잿더미에서 새로운 보편성을 건져내는 법을 배웠다. 제노페미니즘은 순수성에 감염되지 않은 연합의 정치를 구축하고자 한다. 보편성을 휘두를 때는 조건들을 사려깊게 살피는 동시에 정확한 자기 반성의 태도가 필요하다. 젠더와 섹슈얼리티로 가르는 수많은 억압들에 대항해, 우리가 전용할 수 있는 다양한 정치적 신체와 같은 것을 예비하는 도구가 되기 위해서 말이다. 보편성은 결코 청사진이 아니다. 오히려 보편성이란 우선 그 청사진의 사용을 지시하는 것이다. 우리는 XF를 하나의 플랫폼으로 제안한다. 따라서 바로 그 구축 과정은 음엔트로피적negentropic이자 반복적이고 부단한 개조의 작업으로 받아들여져야 한다. 제노페미니즘은 변형가능한 구축물이 되고자 한다. 마치 소프트웨어의 오픈 소스처럼, 전투적인 윤리적 추론이 지닌 항해의 충동을 따르면서 끊임없이 수정되고 강화되고자 한다. 열려 있는, 그러나 방향성을 잃지 않는 항해. 세계에서 가장 지속가능한 시스템의 안정성은 겉보기에 자발적인 것 같은 '보이지 않는 손'이라는 질서를 훈련하는 방식에 기대고 있다. 혹은, 투자와 퇴적의 관성을 활용한다. 우리는 우리의 상대로부터, 혹은 역사의 성공과 실패로부터 배우는 것을 주저하지 말아야 한다. 이러한 정신에서 XF는 이러한 플랫폼들이 제공하는 자유의 기하학 속으로 공정하고 정당한 질서를 주입하는 씨앗들을 뿌리고자 한다.

우리의 운명은 테크노사이언스와 함께 던져졌다. 이러한 우리의 운명 속에, 젠더와 인간 개념까지 퍼져나간 자유의 조리개를 확대하기 위한 재가공과 변형이 불가능하리라는 두려움은 없다. 아무것도 두렵지 않다고 말한다는 것, 알고자 하는 의지, 수정코자 하는 의지, 해킹할 의지를 막아설 그 어떤 초월적인 것도 없다고 선언하는 것은 초자연적인 것은 없다는 것과 같다. '자연'—여기서 우리가 과학의 끝없는 무대로 생각하는 자연—이 모두 거기에 있다. 따라서 우리는 멜랑콜리와 환영을, 그 무력함과 확장불가능성을, 특정 온라인 문화의 리비도화된 청교도주의를, 그리고 수정불가능하게 주어졌다고 여기는 자연을 파괴하면서, 우리의 규범적인 반-자연주의가 우리를 불굴의 존재론적 자연주의를 지향하도록 밀어부쳐왔음을 자각한다. 우리는 무엇이든 과학적으로 연구될 수 있고, 무엇이든 기술적으로 조작될 수 있음을 주장한다.

이것은 존재론적인 것과 규범적인 것, 사실과 가치의
구별이 간단하게 확정된다는 의미가 아니다. 규범적인
반反자연주의와 존재론적 자연주의의 역장力場은 무
수히 많은 양가적인 전장戰場들에 퍼져 있다. 존재로부
터 당위를 풀어내는 기획, 사실로부터 자유를 떼어내
고 지식으로부터 의지를 분리해내는 기획은 실로 영
원한 과제다. 거기에는 우리의 욕망이 사실의 야만성
과 맞닥뜨리고, 아름다움이 진리와 분간되지 않는 수
많은 빈틈들이 있다. 시, 섹스, 기술 그리고 고통은 우리
가 좇았던 이러한 긴장들로 눈부시게 빛나는 백열등
이다. 그러나 우리가 수정의 과제를 포기한다면, 고삐
를 풀고 긴장을 늦춘다면, 이 필라멘트들은 즉각 빛을
잃는다.

초기 텍스트 기반의 인터넷 문화의 잠재력은 억압적 젠더체제에 맞서 주변화된 공동체들의 연대를 만들어 냈다. 90년대 사이버페미니즘을 점화시키며 그렇게 새로운 실험 공간을 창출해낸 인터넷 문화의 잠재력은 21세기에 들어서자 시들해졌다. 오늘날 온라인 인터페이스에서 시각성의 지배는 정체성 정치와 권력관계, 그리고 자기-재현적 젠더규범이라는 익숙한 방식들로 복귀하고 있다. 그렇다고 사이버페미니즘의 감수성이 오직 과거에 머물러있는 것은 아니다. 오늘날 웹에 잠복해있는 억압의 가능성에서 전복의 가능성을 추려내면서, 페미니즘은 오랜 권력 구조의 은밀한 복귀에 대해 민감하게 대처해야 하는 반면, 그러한 잠재력을 요령껏 잘 활용할 줄 알아야 한다. 디지털 테크놀로지는 그것들을 보증하는 물리적 현실과 분리될 수 없다. 즉 이것들은 서로 연결되어 있어 각기 다른 목표를 위해 대체될 수 있다. 제노페미니즘은 물질보다 가상이 우선이라고 주장하거나 가상이 물질보다 우선이라고 주장하기보다, 물질과 가상이 함께 구성된 우리의 현실에 이러한 지식을 효과적으로 개입시키기 위해 권력과 권력없음이라는 두 지점을 모두 확보한다.

더욱 명백한 것은 물리적 헤게모니에 개입하는 것이
디지털 문화적 헤게모니에 개입하는 것만큼이나 중요
하다는 점이다. 개발환경을 변화시키는 일에는 여성
과 퀴어의 지평을 재구성할 수 있는 가장 중요한 가능
성들이 자리하고 있다. 이데올로기적 성좌의 구현으로
서, 조직화를 위한 공간을 창출하고 결정해나가는 일
은 궁극적으로 '우리'에 대한, 말하자면 '우리가' 상호적
으로 어떻게 절합될 수 있는가에 대한 표명articulations
이다. 제노페미니즘은 미래 사회의 조건을 폐제나 제
한, 아니면 개방할 수 있는 잠재력을 가지고 집단적 안
무를 위한 어휘로서(공간의 좌표로서) 건축의 언어에
맞춰져야 한다.

거리에서부터 집이라는 가정 공간까지도 우리의 촉수가 미쳐야 한다. 가정의 공간은 아주 뿌리 깊게 우리에게 배어 있어서, 해체될 수 없는 것으로 간주되어 왔다. 즉, 규범으로서의 가정이 사실로서의 가정과 합체된 채 개조될 수 없는 것으로 여겨져온 것이다. 우리의 지평에 어리석은 '가정의 리얼리즘'이 거주할 곳이란 없다. 우리가 공유하는 실험실, 공동의 미디어와 기술적 시설을 증강된 집들로 간주하자. 페미니즘적 미래를 창출하는 과정의 중핵적인 요소로서 집이라는 공간을 변형시킬 때가 왔다. 그러나 이것이 담장도 못 넘어보고 멈춰져서는 안 된다. 우리는 현재 가족 구조 및 가정생활의 재창안이 경제의 영역에서 철수되거나(코뮌의 방식) 몇 배의 부담을 떠안는 방식으로(한부모 가정처럼) 어떤 대가를 치뤄야만 가능하다는 사실을 너무나 잘 알고 있다. 핵가족이라는 장소적 단위는 여성을 공적 영역에서 배제시키고 남성이 자신들의 아이들과 함께하는 걸 막으며, 거기에서 일탈하는 이들을 벌하는 데 완강한 역할을 담당해왔다. 우리가 이 소멸 직전의 형상을 고수해온 관성을 깨기 원한다면, 물질적 기반구조를 정비하고 장소에 결박된 경제의 순환구조를 끊어내야 한다. 우리 앞에 놓인 과제는 이중적이기에 우리의 시각은 입체적일 수밖에 없다. 우리는 재생산 노동과 가족 생활을 해방시키는 경제를 고안해야 하는 한편, 임금노동이라는 죽음의 그라인더로부터 벗어나는 가족성의 모델을 수립해야 한다.

가정에서 몸까지, 생명공학적 개입과 호르몬에 대한 예방적 정치의 표명이 압박을 가하고 있다. 호르몬은 개별적 신체의 심미적 측정보다 훨씬 거대한 정치의 영역을 지배하고 있는 젠더 시스템에 침투한다. 구조적으로 생각해보면, 호르몬의 분배—이러한 분배가 우선시되고 있거나 병리적으로 취급당하는 사람이나 사안—야말로 가장 중요한 의미를 지니고 있다. 인터넷의 부상과 그로 인한 블랙마켓 제약 조직의 등장은—공적으로 접근가능한 내분비학 노하우의 아카이브와 더불어—이미 수립된 성적 분배에 대한 위협을 관리하려 드는 '게이트키핑' 제도들로부터 호르몬 경제의 통제권을 빼앗아오기 위한 주요한 방편들이다. 그러나 시장관료제의 규율 안에서의 거래 그 자체로는 승리라고 할 수 없다. 이 물결은 더욱 거세어질 필요가 있다. 우리는 '젠더 해킹'이라는 용어가 장기적인 전략으로 확장 가능한지, 아니면 해커문화가 소프트웨어에서 이미 이룬 업적과 유사한 웨트웨어wetware를 위한 전략인지 질문한다. 완전히 자유로운 세계이자 오픈소스 플랫폼을 구축하는 일은 우리가 보아온 것들 중 실행가능한 코뮤니즘에 가장 가까운 작업이다. 3D 프린팅을 이용한 제약기술(리액션웨어), 풀뿌리 원격의료 낙태클리닉, 젠더 핵티비스트, DIV-HRT 포럼 등이 우리 앞에 배아 상태의 전망들로 이제 막 열리고 있다. 과연 우리는 생명을 위험에 빠뜨리는 무모함 없이, 이러한 전망들과 자유로운 플랫폼 및 오픈소스 약품을 조합하며 잘 기워갈 수 있을까?

글로벌에서 로컬까지, 클라우드에서 우리의 신체까지, 제노페미니즘은 테크노물질주의적 헤게모니를 장악하는 새로운 제도를 건설할 책임을 공표한다. 전체 구조는 물론 이를 구성하고 있는 분자들까지도 상상해야 하는 엔지니어들처럼, XF는 중간정치적 영역의 중요성을 강조한다. 이러한 영역은 지엽적 제스처의 한정된 효과나 자율구역의 창출, 그리고 순전한 수평주의에 반대하면서 초월적이거나 위에서 아래로 부과되는 가치와 규범에 대항하는 영역이다. 제노페미니즘의 보편주의적 야망이 자리하는 중간정치의 무대는, 스스로를 이러한 양극성 사이를 이행하는 운반체이자 복잡한 네트워크로 이해한다. 실용주의자로서 우리는 오염을 그러한 국경들 사이에 있는 변형의 운전자로 초대한다.

하늘를보다

XF는 프로메테우스적 복잡성의 시대에 우리가 택할 행위가 인내를 요구하는 노동일지라도, 그 인내란 '기다림'에는 맞지 않는 맹렬한 자세임을 확신한다. 정치적 헤게모니와 급증하는 밈플렉스memeplex를 보정하는 일은 단지 그 가치들이 명확하게 표명되는 물리적 인프라 구조를 창출하는 일만을 뜻하는 게 아니다. 이는 우리가 주체로 설 것을 요구한다. 이러한 새로운 세계에서 어떻게 우리는 주인이 될 것인가? 어떻게 우리는 더 나은 기호학적 기생충을 만들어낼 것인가? 우리가 욕망하기 원하는 욕망을 불러일으키는 기생충, 굴욕이나 격렬한 분노로 자기소모적인 잔치를 벌이는 것이 아니라, 이타적인 연대와 집단적인 자기극복이라는 새로운 형식을 버팀목으로 삼아 해방적이고 평등주의적인 커뮤니티를 조직하는 그런 기생충을.

제노페미니즘은 하나의 프로그램인가? 이 프로그램이 결정적인 문제를 풀 수 있는 대강의 비결이나 유일한 목적을 가진 도구를 의미한다면 그건 아니다. 우리는 오히려 사기꾼이나 말이 서툰 자처럼 사고하고자 한다. 그들은 당면한 문제에 몰두할 수 있는 새로운 언어를 만들어내고, 그래서 그에 관련한 문제가 얼마나 많은지 간에 그 해결책을 쉽게 펼쳐보이곤 한다. 제노페미니즘은 하나의 플랫폼이자 성 정치학을 위해 새로운 언어를 구축하고자 이제 갓 시작한 야망이다. 그 언어는 우리 자신의 도구를 갱신시켜야 할 재료로 삼아 장악해나가는 가운데 점차 풍부하게 생겨날 것이다. 우리는 우리가 직면한 문제들이 체계적이며 서로 단단히 맞물려있다는 것을 잘 알고 있다. 그리고 전 지구적으로 이를 성공시킬 기회는 무궁무진한 기법과 맥락을 XF의 로직으로 감염시키는 데 달려있다는 것도 잘 알고 있다. 우리의 변형은 급진적 범람보다는, 침투하며 직접적인 포섭의 변형이다. 그것은 백인우월주의적이며 자본주의적 가부장제를 연산의 바다 속으로 침수시켜, 그 껍질을 누그러뜨리고 그들의 방어막을 해체해, 그 잔해들 속에서 새로운 세계를 만들기 위한 신중한 구축의 변형이다.

제노페미니즘은 유동적인 지도 위에 승전의 X로 이질적인 미래를 구축하고자 하는 욕망의 표식을 그린다. 이 X는 운명을 표시하지 않는다. 이는 새로운 로직의 형성을 위한 위상학적-키프레임을 삽입하는 것이다. 우리는 현재의 반복에 매여있지 않은 과거를 긍정하면서, 좁은 통로, 조립 라인, 공급용 배관보다 더 풍부한 기하학적 구조를 지닌 자유의 공간을 확충할 능력을 위해 싸울 것이다. 우리는 자연화된 정체성에 맹목적이지 않은 새로운 지각과 행동의 장비affordances가 필요하다. 페미니즘의 이름에서, '자연'은 더 이상 부당한 도피처가 되어서는 안 되며, 그 어떤 것도 정치적 정당화를 위한 근거가 되어서는 안 된다.

자연이 부당하면, 자연을 바꿔라!

라보리아 큐보닉스 인터뷰:
제노페미니즘의 새로운 경로

www.zineseminar.com
창간호 2019. 4.

Ágrafa Society: 제노페미니즘 선언의 주창자로 라보리 아 큐보닉스를 한국 독자들에게 소개하게 되어 기쁩니 다. 국가도 활동 영역도 다른 여섯 명의 여성이 만나서 어떻게 라보리아 큐보닉스라는 흥미로운 이름의 활동 을 시작하게 되었나요?

Laboria Cuboniks: 라보리아 큐보닉스는 2014년 여름 피 터 볼펜달Peter Wolfendale과 레자 네가레스타니Reza Negarestani 가 베를린 세계문화의 집에서 기획한 합리주의에 관한 컨퍼런스에서 저희 여섯 명이 만나게 되면서 시작했습 니다. 저희 중 그 누구도 전에 알던 사이는 아니었지만, 컨퍼런스가 진행되면서 우리들은 과학, 합리주의, 수학 이라는 담론 속에서의 여성의 역할이라는 공통의 논의 점을 통해 모이게 되었습니다. 과학, 합리주의, 수학 같 은 것들은 페미니즘적 글쓰기를 배신하는, 가부장적 사 유 양식에 종속된 형식으로 문제시되는 대상입니다. 전 통적으로 서구에서 페미니스트 담론은 늘 자연이나 여 러 순수 유물론주의 철학들로 연결지어졌습니다. 합리 주의, 기술론, 과학은 억압적인 것으로 늘 의심의 대상이 되어왔지요.

그럼에도 우리 모두는 사유의 영역에 관심을 두고 있었고, 동시에 스스로를 페미니스트라 규정하며 페미 니즘에 헌신하고자 하는 의지가 강했습니다. 우리는 "여 성적이지 않다"고 (심지어는 특정 젠더 정치에 혐오를) 표명하는 이해관계에 신물이 나 있었습니다. 또 오늘날 고도로 발달된 기술이 근본적 재검토를 통해 다시 태어 나야 한다고 생각했어요. 그러한 기술적 담론과 페미니 스트적 사유와 실천 사이에는 동맹이 필요합니다. 우리 는 기술이 미래에 상응하는 페미니스트 철학을 현실화 하는 가장 최적의 방법이라고 봤습니다. 참여를 꿈꾸었 던 지적 공간 속에서 비가시적 존재로 남아 있는 것에도 질렸고, 이러한 사유의 영역에서 '페미니스트'나 '퀴어'라 는 하위 분과로 분류되는 것도 싫었습니다. 그래서 우리 는 행동을 하기로 결심했고, 그렇게 만들어진 것이 제노 페미니즘 선언이었어요.

이런 문제의식이 진화하는 만큼 그 안에서도 굉장 히 신나는 일을 많이 벌였습니다. 2주간의 베를린 컨퍼

런스가 끝난 후에 우리는 서로를 기웃거리며 서로에게 전이되기 시작했고, (20세기 중반 활동했던 수학자 집단의) 가령 '니콜라스 부르바키Nicolas Bourbaki'의 알파벳을 계속해서 엉뚱한 수열로 조합해서 라보리아 큐보닉스Laboria Cuboniks를 만들었습니다. 라보리아 큐보닉스, 그러니까 그녀는 자신을 실제화하는 효과적 픽션hyperstition[1]이기도 했습니다.

A8: 2014년 제노페미니즘 활동을 시작한 후에는 어떤 일들이 벌어졌나요? 라보리아 큐보닉스의 구성원들이 미술관이나 학계를 가리지 않고 다양한 자리에서 대담, 강연 등을 펼치기도 했고, 인터넷 매체와 인터뷰도 했었지요. 활동 과정에서 제노페미니즘 선언에 관한 의미심장한 반향을 느낀 적이나, 다른 페미니즘 운동과의 교류는 없었나요?

LC: 세계 곳곳에 흩어져 있는 우리들 각자의 집으로 돌아간 후에 온라인에 모여 선언문을 써 내려가던 순간은 우리가 함께 단일한 프로젝트를 위해 최고로 집중해서 일했던 순간이었습니다. 우리들 사이에 엄청난 물리적 거리가 존재하지만, 우리 각자가 가진 다양한 관심사는 라보리아 큐보닉스의 능력치가 됩니다. 그래서 종종 일부만 모여서 작업하거나 각자 오고 가기 쉬운 지역에서 개별적으로 라보리아 큐보닉스를 대표해 활동하기도 합니다. 역설적이게도 이러한 라보리아 큐보닉스의 글로벌한 특성은 성격의 분화를 만들기도 합니다. 언제나 라보리아는 우리 여섯 명의 여성이 만드는 것 이상의, 어떤 생성하는 독립체입니다. 그래서 종종 다른 필자나 이론가들이나 예술가들도 제노페미니즘의 외연을 구성하는 작품을 만들기도 하고 다양한 방식으로 여러 협업 프로젝트에 참여하기도 합니다.

라보리아 큐보닉스는 처음부터 사이버페미니즘과 친연 관계를 맺고 있었습니다. 2014년부터 우리는 여러 사이버페미니스트 예술가들이나 필자들과 함

---

1 하이퍼스티션(hyperstition)은 사이버네틱 컬처 리서치 유닛(Cybernetic Culture Research Unit, CCRU)이 만든 신조어로 한 개인의 통제를 초과하는 집합적 수단을 통해 '스스로 현실이 되는 픽션'을 뜻한다.

께 작업했는데, 그 중 호주의 사이버페미니스트 그룹인 VN8 매트릭스[2]의 구성원들과 가까운 편이고, 저희가 참여하는 세미나에 함께하길 요청하기도 했습니다. (이들의 작업 중에 1991년 발표된 〈21세기 사이버페미니스트 선언문〉이 잘 알려져 있습니다.) 놀랍게도 VN8 매트릭스가 우리의 제안에 즉각적으로 '좋아요!'라고 응답했었어요. 그때부터 VN8 매트릭스와 라보리아 큐보닉스는 몇 가지 협업을 해오고 있습니다. 소규모 독립 출판물을 발표하거나 대담을 개최한다던가 대규모 공개 퍼포먼스 작업을 하기도 했고, 20회 시드니 비엔날레에서는 (기존에 브라운 카운실로 알려진) 호주 출신의 페미니스트 퍼포먼스 '예술가'인 바바라 클리블랜드[3]와 함께 작업하기도 했습니다. VN8 매트릭스와의 협업으로, 마르친 피에트루체브스키 Marcin Pietruszewski의 기계적 음성 분석/재합성과 컴퓨터 음악을 활용한 탐험적 발화 연작, 〈공간의 (도표)문자학 (dia)grammatology of space, 2016〉의 초연 대본을 쓰기도 했습니다. 라보리아 구성원들이 사이버페미니스트인 린다 디멘트 Linda Dement와 협업하면서는 실험적 코드-시를 제작했습니다. 그러면서 디멘트와 그녀의 협업자 낸시 마우로-프루데 Nancy Mauro-Flude가 2018년 시작한 더럽혀지고 기억에 남을 〈사이버페미니스트 침대보 Cyberfeminist Bed Sheet Flown as a Flag, 2018〉[4]에

2 VN8 매트릭스는 사이버페미니즘이라는 개념어를 가장 먼저 들고 나온 축에 속하는 페미니스트 예술가 콜렉티브이다. 4인의 여성화가 조세핀 스탈, 줄리안 피어스, 프란체스카 드 리미니, 버지니아 바랏을 주축으로 1991년 호주 애들레이드에서 결성되어, 컴퓨터나 인터넷이라는 가상 공간에서의 여성과 기술의 사회적, 젠더적 관계항과 권력에 관한 온오프라인에서의 작업과 발언을 1997년까지 이어갔다. 이들은 선언에서 스스로를 '새로운 반질서 세계의 바이러스'로 칭하며 기존의 가부장적 상징체계와 담론을 교란하고 도덕적 양식을 제거하기 위해 클리토리스에서 직결되어 비체(卑體, abjection)로 향하는 점액 정치학을 주장했다.

3 '바바라 클리블랜드(Barbara Cleveland, BABS)는 1970년대 불현듯 나타나 활동하다가 1981년 인도에서 실종된. 역사에는 기록되지 못한 호주 최초의 페미니스트 퍼포먼스 예술가로, 그녀의 작품은 주로 신체에 각인된 젠더적이거나 계급적인 구속과 시간, 신화, 기억에 대한 문제를 제기하는 것들이다. 후에 그녀를 본따 이름을 바꾼 호주 페미니스트 예술가 그룹 브라운 카운실(Brown Council)이 생전의 영상 자료를 발견하면서 그녀는 재발굴'되었다. 대략 이런 이야기가 '실제'를 만드는 일종의 픽션 아바타 바바라 클리블랜드의 서론이다. 20회 시드니 비엔날레에서 라보리아 큐보닉스의 에이미 아일랜드와 VN8 매트릭스의 버지니아 바랏, 프란체스카 드 리미니의 협업으로 선보인 퍼포먼스 〈(B)A〉B)8〉는 "나는 얼굴 없이 이렇게 말하는 것을 좋아합니다"라는 문장을 화면 위로 투사하며, 이렇게 실제인 듯 실제가 아닌 페미니스트 예술가 '바바라 클리블랜드'의 남겨진 글 속에 담긴 마법적 본성을 재생하는 일종의 의식(儀式)이다.

4 린다 디멘트와 낸시 마우로-프루데가 협업한 〈사이버페미니스트 침대보〉는 VN8 매트릭스에서 시작해 펑크 혹은 사이버 페미니즘의 여러 인물의 흔적을 지시하는 흰색 침대보 위에 다양한 색과 얼룩으로 시각화함으로써, 정상성에서 탈주하는 저항적 신체 변형과 정신이상을 그려내는 작품이다. 이 침대보에서 라보리아 큐보닉스는 울트라 보라색으로 번지는 원형의 얼룩 속에 무한히 블랙홀로 지시되었다.

우리의 페미니스트 영웅들과 함께 제노페미니즘이 기록되기도 했습니다. 또한 인티메이트 커넥션과 같은 러시아 사이버페미니스트 콜렉티브나 폴란드에서 활동하며 2018년 제노섹슈얼리티를 위한 선언을 발표한 HOMAR[5] 콜렉티브가 먼저 저희에게 관심을 표하기도 했네요.

A8: 라보리아 큐보닉스는 2004년 파리에서 활동을 시작해서 스스로를 페미니스트라 부르며 개념 예술가적 특성을 보이는 콜렉티브인 클레어 퐁텐Claire Fontaine 떠올리게도 합니다. 어떻게 보면 라보리아 큐보닉스는 단지 콜렉티브에 그치는 것이 아니라 에이전트나 아바타처럼 보이기도 하는데요. 라보리아 큐보닉스에 부여된 의미는 무엇일까요? 그녀는 페미니스트 이론가입니까? 아니면 페미니스트 활동가입니까?

LC: 라보리아 큐보닉스는 어떤 면에서는 콜렉티브라기보다는 에이전트나 아바타에 가까운 것이 맞습니다. 앞서 언급했듯이 여섯 명의 원래 구성원이 모두 참여한 작업은 선언문을 만드는 것이었고, 이어진 대부분의 작업이나 생각은 저희들 중 일부만 참여하거나 베를린에서부터 참여하지 않은 다른 이들이 참여해서 만들었습니다. 그래서 라보리아 큐보닉스와 제노페미니즘은 저희 여섯을 넘어서는 여러 모습을 가진 변이하는 형태입니다. 그녀는 개별적 정체성을 멀리하는 한편, 제노페미니즘 선언이 말하는 '누구도 특별하지 않은(보편자)'와 '이질적 미래를 구축하려는 욕망'을 지시합니다. 이러한 그녀는 '유동적 지도 위에서' 계속해서 움직이는 'X'라 할 수 있습니다. 여기서 이질적 미래는 미리 정해 놓은 이상적 모습이 아닙니다. 그런 미래라면 '이질적'이라고 할 수도 없겠지요. 우리는 단지 어떤 참신한 미래를 넘어서는, 계속해서 변이하는 노동을, 그리고 예상치 못한 정보와 입력에 대해 언제나 열려있는 미래를 주장합니다. 또한, 이질적 미래는 배움에 충실하는 한편, 억압적이며 유

---

5 HOMAR 콜렉티브의 제노섹슈얼리티 선언은 섹슈얼리티가 지식 생산의 양식과 깊은 연관을 가지고 있음을 지적하며, 위계적, 상징적인 메시지나 일률적, 통계적 경험에 기반하는 것이 아닌, 섹슈얼리티의 영점으로부터 시작해 제노토피아의 낙관적 미래를 지향하는 섹슈얼리티를 주장한다.

용하지 않다고 생각되는 낡은 편향성을 내버릴 준비를 하는 어떤 형식입니다. 이런 점이 바로 우리가 제노페미니즘 선언에서 소외alienation를 향한 긍정적 태도를 옹호할 수 있었던 이유이기도 합니다. 자유로서의 소외는 세계의 지난 체제의 억압을 해소하고 즉시 새로운 양식을 통합해냅니다.

A8: '제노'라는 접두사는 페미니스트 용어로는 다소 어색하게 느껴집니다. 물론 이 단어가 제노페미니즘 선언에서 이방인 또는 외계인 등과 같이, 인간 존재를 구성하는 기성의 범주에 안착하지 않음을 의미함에도 불구하고 말이지요. 동시대 기술적이고 미래적인 조건이라는 측면에서 '제노'라는 단어를 사용해 무엇을 함축하고자 했나요?

LC: 제노페미니즘xenofemisnim에서 '제노xeno'의 작동에 관해 언급하기 위해서 우선 단어의 어원을 살펴볼 수 있을 것 같습니다. 그리스어 '제노스xenos'의 뜻은 세 가지 의미를 가지고 있음에도, 종종 단순히 '외계의'라는 의미로 환원되어 제대로 이해되지 못하고 있습니다. 그렇지만, 사실 제노스는 뜻은 이렇습니다.

1) 제노스는 우선 외국의 것 또는 이질적임을 의미하면서, 또한 구체적으로는 알고 있는 어떤 공동체 내부가 아닌 외부에서 온 누군가, 또는 명확하게 규정되지 않은 관계, 또는 친숙한 정체성의 양식이나 인식론적 분류 바깥의 어떤 것을 뜻합니다.

2) 제노스는 적이나 이방인, 또는 잠재적으로 징후을 보이는 위협적인 알려지지 않은 어떤 것을 뜻합니다.

3) 제노스는 (철학의 어원이 되며 '현지의' 또는 '알고 있는' 친구라는 뜻의 필로스와 반대로) 손님으로서의 우정, 또는 알려지지 않은 사물이나 생각에 관해 객客으로서의 관계를 뜻합니다.

이와 같은 제노스의 세 가지 의미는 알지 못하는 존재의 상태와의 관계에서 내재된 불특정성과 모호성을 뜻합니다. 말하자면 공통되면서/연관된 관계항을 지시하는데, 제노로서 바라보게 되면 중성적이거나 위협적이거나 친근할 수 있고, 어쩌면 이 모든 특성들을 동시

에 가질 수 있습니다. 고대 그리스 시대에 의무적 환대를 뜻하던 프로토콜인 '크세니아Xenia'의 맥락에서 제노스를 이해하면 가장 적절할 것 같습니다. 어떤 공동체에 신이 인간의 모습으로 피난처를 찾는 이방인처럼 나타나 그 공동체의 사람들이 크세니아를 발현하는지 아닌지를 시험하는 고대 신화를 떠올려 보면 됩니다. 제노페미니즘에서 '제노'는 인간과 비인간의 상호관계를 모두 아우르며, 동시에 우리를 알려지지 않은 인식론적 협의에까지 이르게 하는 길라잡이입니다.

제노페미니즘 선언에서 서로 구별되는 개념이긴 하지만, '소외'라는 단어, 그리고 이 단어가 재도구화되는 방식은 제노페미니즘의 맥락에서 '제노'라는 접두어를 이해하는 단서이기도 합니다. 제노페미니즘 선언에서 소외는 누군가 개인으로서 느끼는 그 무엇이 아닙니다. 이것은 단순히 어떤 공동체나 사회에서 개별적 주체가 가지는 불화로서의 소외를 말하는 것이 아닙니다. 그보다는 다른 규모에서 기능하는 소외를 뜻하는 겁니다. 이것은 '사피엔스sapience, 사고능력'와 '센티엔스sentience, 감각능력' 사이의 불화로서의 소외입니다. 사피엔스가 세계 속에서 반응하고 동시에 의식적으로 행동하기 위해서, 또 세계를 구축하기 위해서 확장적 이성을 사용하는 인간의 능력을, 한편으로 센티엔스가 세계에 의도적으로 반응하거나 행동하는 능력이 아닌 자신을 둘러싼 것들의 지각을 뜻한다면, 이러한 조건 속에서는 소외가 발생하게 됩니다. 사피엔스와 센티엔스라는 두 상태가 명확히 분리되어 있다고 말하려는 것은 아니예요. 하지만, 불화를 야기하기에 충분한 분열이 있는 것은 분명합니다. 분열과 동시에 이러한 조건들은 개인이라는 규모와 사회적으로 통용되는 글로벌적인 규모, 이 양측면에 구성적으로 연결되어 있습니다.

제노페미니즘은 양측면을 모두 인지하는 소외에 대한 이해를 정립하는데, 예를 들어, 물질의 부분 구성은 물질의 중심 구성을 체화하는 동안, 그 세계가 스스로를 인지하게 되는 방식으로 결합합니다. 그 자신을 인지한다고 말할 수 있는 세계의 부분과 그럴 수 없는 부분이라는 구성 요소 사이에서 이러한 소원estrangement이 생겨나는 것입니다. 인간이 경험 외부에 존재하는 개념

에 관해 사유할 수 있게 만드는 것이 바로 이러한 소외입니다. 추상을 가능하게 만드는 것 또한 이러한 소외입니다. 이와 관련해서, (라보리아 큐보닉스의 공동 창안자인) 헬렌 헤스터는 사피엔스+케어Sapience+Care[6]라는 사유를 발전시키기도 했어요. 인문학 저널 "안젤라키"에 최근 헬렌 헤스터가 발표한 논문은 소외에 관해 이렇게 논합니다.

> 사유 능력을 가진 이질적 존재라는 우리의 지위에 이러한 소외가 우리에게 부여한 책임 의식이라는 독특한 의무가 더해진다. 그래서 예를 들어 인간은 생태학에 대한 추상적 이해를 획득할 능력이 있는 종으로서, (환경적, 경제적, 구조적, 사회정치적 네트워크를 포함한) 복합적이고 교차하는 세계적 시스템에 관한 탁월한 통찰을 동반하여, 우리 자신의 지역적 상황을 넘어 환경을 살필 수 있는, 가히 견줄 바 없는 능력이 있다. 우리는 감각 기관을 통해 즉각적으로 지각할 수 있는 공간을 넘어서 세계를 이해하고 행동할 수 있으며, (베르나르 스티글레르 Bernard Stiegler 용어로 말하자면) '새로운 사회적 합리성, 그리고 함께 살아가기 위한 추동력과 이유, 즉 세계와 그 세계에 살고 있는 존재들을 보살피는 생산적인 것'을 구축하는 능력을 갖추고 있다.

따라서 접두사 제노를 이해하는 이러한 관점에서의 소외疏外, alienation에서 '외外, alien'는 제노 그 자체를 이해하는 또다른 효과적인 방법이 될 수 있습니다. 그 어떤 것의 실제와 그것을 이해하고 상상하는 방식 사이의 간극이 우리에게 미래를 취할 수 있는 기회를 주고 있는 것이지요.

A8: "100가지 성이여 피어나라!"라는 선언 속 문장이 참 멋있습니다. 제노페미니즘 선언에서 이 부분은 여타의

---

6   사피엔스+케어는 회복 과정에 참여하려는 의지와 결합된 복잡한 이 세계를 이질적으로 이해하는 포스트휴먼 정치학의 개념으로, 이는 우리 모두가 부분을 구성하는 아상블라주로서의 측면에서 인간을 이해하는 휴머니티의 사유를 통해 발원이 가능해진다. Helen Hester, Sapience + Care: reason and responsibility in posthuman politics, Angelika - Journal of the Theoretical Humanities, Volume 24, 2019. Issue 1: alien vectors: accelerationism, xenofeminism, inhumanism. pp. 72-73, 76.

법제도나 사회적 제도 내에서의 성평등 투쟁 전략과는 꽤 다른 점을 보여주는데요. 이는 제노페미니즘 선언이 기술-정치적이며 생태적인 조건에서의 현재적인 착취와 부당함으로부터의 해방에 초점이 맞춰져 있기 때문인 것 같습니다. 이러한 관점에서 '젠더 폐지'나 '젠더 해킹'의 개념과 실천에 관해 좀 더 자세히 듣고 싶습니다.

LC: 제노페미니즘 선언에서 라보리아 큐보닉스는 "'젠더 폐지론'은 현재 젠더를 규정하고 있는 특질들이 더이상 권력의 불균형적 작동에 비교 기준이 되지 않는 사회를 구축하려는 야망의 약칭이다"라고 주장한 바 있습니다. '젠더 폐지'가 젠더 구분을 만드는 요소의 폐지가 아닌, 젠더적 지위가 자동적으로 보장하는 사회 및 담론 권력과 더불어 젠더들 사이의 가능성과 합법화를 우선적으로 결정하는 분류의 폐지를 의미한다는 점이 중요합니다. 그러한 한 가지 예가 바로 '패싱passing'에 관한 모든 개념을 트랜스 재현으로 몰아가는 이분법입니다. 이러한 사이 공간은 점거해야 할 포지션만큼이나 유효한 무엇입니다. 이 점에서 젠더 해킹은 여성 건강에 관한 정보 공유나 로봇기술을 활용한 가사 노동, 체외 수정이나 호르몬 요법과 같은 기술까지, 사회적, 기술적 혁신의 총체적 스펙트럼을 경유하는 다양한 성sex 테크놀로지를 실험하는, 그것들을 공유하는 동의되고 지지하는 양식이 됩니다. 스피노자의 문장을 빌려오면 '사람들은 신체가 무엇을 할 수 있는지 알지 못한다[7]'는 겁니다. 따라서 젠더 폐지는 차이가 그 자체로 이질적인 것이 됨으로써 더 이상 젠더 차이의 묘사에 그치는 지금의 재현적 시스템이 필요 없는 미래를 열어줄 방책입니다.

제노페미니즘은 언제든 변성의 상태와 과정, 즉 이행과 변형이라는, VN8 매트릭스 식으로 하면 '점액 정치학slime politics'에 근거한 페미니즘을 지향하면서, 트랜스페미니즘에 근본적으로 몰두하여, 정체성의 범주에 정초한 젠더 정치학을 피할 수 있는 가능성을 만들고 있습니다. 우리는 유동적인 성과 젠더 차이의 증식을 통해 엄격한 젠더 차이의 시스템이 폐기될 수 있음을 주장합

7   박기순 옮김, 『스피노자의 철학』, 서울: 민음사, 1999. p. 32.

니다. 이는 파괴가 아닌 창조적 접근이라 할 수 있어요.

A8: 제노페미니즘이 과학과 이성을 너무 긍정한다고 오독할 수 있을 것 같습니다. 여전히 이성을 놓지 못하는 점은 여전히 (남성 중심의) 인간됨을 중요시한다는 의미로 오해될 수도 있고요. 그간의 페미니즘은 이성에 대항적이었기도 하고, 이성은 남성 중심의 사유로 이해되어 온 역사가 있으니까요. 지배적인 남성 중심의 과학과 이성과, 라보리아가 주장하는 과학과 이성의 차이는 무엇인가요?

LC: 이성은 페미니즘이 개인적인 것에서 추상적인 것까지 복잡성의 여러 규모를 횡단하며 활약할 수 있게 합니다. 역사적으로는 무시되어 왔지만, 이런 이유로 대부분의 인간이 이성적 활동을 수행해왔다는 점을 인정해야 합니다. (물론 이 '대부분의 인간'에 선천적, 후천적으로 뇌손상을 입어서 인지력이 저하되는 절망적인 한계에 직면한 사람들은 포함되지 않습니다.) 이성은 투쟁하고 확장시켜야 할 능력이지, 양도의 대상이 아닙니다.

이렇게 사유하는 힘을 우리의 현재적 조건을 구성하는 지구적 상호연결성의 기본가치와 동일선상에 놓는 한편, 이성이나 과학을 남성의 것으로 놓는 이러한 구분이 지닌 역사적 배타성에 맞서 싸우는 방법으로써 제노페미니즘이 추론의 근거로 삼는 페미니즘적 인식론의 경로를 생각해 볼 수 있습니다. 페미니즘적 인식론의 주요 견해 가운데 하나는 도나 해러웨이가 말한 '상황적 지식들'입니다. (이것도 벌써 30년 전 이야기네요.) '상황적 지식'은 공명정대한 지식 생산이라는 '신의 눈속임'에서 떨어져나와 '객관성'에 대한 다른 이해를 구하는 개념입니다. 넓은 의미에서 도나 해러웨이의 사유틀은 인식의 주체와 사유의 객관 사이에서의 쌍방향적 매개의 형식으로서, 지역의 지리-역사-물질적 맥락을 우리의 발화, 사유, 관계, 배움, 행동에 근거하여 상황적으로 해석하기를 요구합니다.

그러나 우리는 오늘날 인식주체가 어떤 상황에서 비롯해 어떤 입장에 있는지를 어떻게 정의하고 있는지 물어보고 싶습니다. (온 오프라인 모두에 해당하는) 상

호적으로 구축된 장소를 두고 단순하게 던지는 질문은 아닙니다. 우리의 개인적인 상황은 실제로는 근본적인 방식에서 서로에게 부분적이고 차이를 보이는 반면, 동시에 다양한 장소에 의해 조건지어지기도 합니다. (예를 들어, 생산 관계 차원에서 심층적으로 포획되어 있는 경우도 있지요. 온라인에서의 상호작용은 다양한 기업과 국가와 지정학적인 경계를 통해 전지구 상에서 중계되고 있는 우리의 신호나 데이터를 포착하고요.) 이런 상황에서 우리는 특정한 것과 글로벌한 것 사이의 합성으로서 어떤 부분적인 입장을 밝혀내는 상황됨situatedness에 대한 이해를 통해 단지 다중적 정착력multi-locatability을 서술할 수 있을 뿐입니다. 따라서 상황됨은 원자화될 수 없어요.

이성적 추상은 그 자체로 물질적 상황됨을 이렇게 별개의 지속적인 방식으로 (그리고 역으로도) 상상하기 위해서 요구되는 활동입니다. '위치'에 대한 이러한 상관적/비절대적 이해는 우리에게 이런 궁금증을 불러일으킵니다. 상황됨은 어떤 규모에서 그려지는 것일까? 세계 속 한 인간의 규모로서일까? 아니면 인간됨 같은 큰 규모에서일까? 반드시 이 규모라는 것을 선택해야 할까? 인간이 이 행성적 규모에서 벗어날 때, 이성적 추상의 도식은 개인적 규모의 위치잡기에 대한 우리의 이해에 작용할 수 있을까? 제노페미니즘은 이미 초지역적인 그 무엇에 의해 생산적으로 오염된 개인적 상황됨을 이렇게 종합적으로 그려내고 탐색하는 것에 흥미를 가지고 있습니다.

이는 또한 이성적인 것과 자연적인 것이 지속적 갱신의 무한반복 속에 함께 묶여 있다고 주장하는 페미니즘적 비인간주의에 몰두하는 것과 연결됩니다. 이성은 우리가 스스로를 '주어진 것'으로부터 벗어나게 하는 능력입니다. 이성과 달리, 주어진 것은 생물학적 결정주의나 신체의 능력을 결정하고 속박하는 통제 체제로 작동하는 소위 '자연적' 위계로 이해되기도 하지요. 이 점에서 상황됨의 모든 상태는 (물질적이든 개념적이든) 절대 어떤 하나의 유한한 위치에 고정되어 있지 않음을 강조하며, 모든 상황은 그 자체에 재상황의 가능성을 가지고 있다고 말할 수 있습니다.

덧붙여 제노페미니즘에서의 이성은 그 이성의 잔여에 관해서 또한 사유해야 함을 지시합니다. 예를 들어, 단지 기술-과학이 새로운 도구와 기술을 구축하는 권력을 가지고 있기에 당연히 구축되어야 하는 것은 아닙니다. 이것은 지식이 '사용'의 범위에 들어와 정치적이며 규범적인 영역과 교차하는 지점입니다. 페미니즘적 인식론의 오랜 유산 가운데 하나가 인식의 명제적 형태와 인식 방법이 똑같이 중요하다는 것이라면, 이제 우리는 여기에 더해 이성이 물질적으로 육화하는 결과를 사유하는 데 있어서 가설적 사유의 중요성 또한 강조해야 합니다. 제노페미니즘은 이와 같이 무엇이 지식인지, 지식이 잠재적으로 어떻게 사용될 수 있는지, 그리고 어떻게 이성이 적절하고 공평한 방법으로 도구화될 수 있는지를 정치화하는 서사의 결정적 층위 사이의 중요한 교차점에 계속해서 주목하고자 합니다.

A8: 기술적 헤게모니와 복잡성에 처한 미래에 대한 수많은 상상적 시나리오를 접하는 요즘입니다. 이들 대부분은 인간성을 상실한 디스토피아를 그리고 있어요. 심지어 파이어스톤Shulamith Firestone의 유토피아적 프로젝트 또한 컴퓨터와 생물학적 기술의 급진적 발전을 '양날의 검'이라고 조심스럽게 묘사하고 있지요. 이런 것들이 현재적 권력의 손아귀에 있는 한, 발전은 악몽이 될 테니까요. 제노페미니즘이라면 유토피아주의를 넘어선 페미니즘적 기술 미래를 다르게 상상해 볼 수 있을까요?

LC: 파이어스톤의 '양날의 검'이라는 표현은 특히 생물학 기술에 해당하기도 하고, 또 전반적으로 기술 전체에 적용할 수 있기도 합니다. 제노페미니즘 선언에서 위험을 실제적으로 인식하고 유토피아적 정치학을 거부하고 있긴 하지만, 기술적 변화는 언제나 두 얼굴을 해 왔어요. 하지만 그렇기에 이 순간, 제노페미니즘을 비롯한 비억압적 규범과 헤게모니의 구축이, 항상 가속하는 기술의 발전만큼이나 매우 중요해지는 겁니다. 인간이 무엇이 될 것인가에 관한 규준이 젠더, 인종, 계급의 불평등에 대한 이해가 없는 규범 하에서 쓰여진다면, 이러한 맹점은 우리의 미래를 계속해서 결정할 것입니다. 불치

의 규범이 우리의 미래 그 자체에 더 깊이 스며들고 구축될지도 모릅니다. 이 부분은 인공지능의 발달이 초기 단계에 있는 지금 제노페미니즘이 해야 할 긴급한 문제이기도 합니다.

디스토피아이든 유토피아이든 상관 없이 미래를 고려한다면 우리는 소외의 개념으로 회귀할 수 있습니다. 소외라는 개념은 지구 기후변화 같이 경험적이면서 동시에 그 규모를 넘어서서 인간이 관계를 맺고 있는 것들에 관해 생각해보는 데 유용합니다. 기후변화는 일상에서 각자가 그 여파를 겪게 되기에 경험적인 규모로 기능하는 조건이면서, 그 원인과 결과가 복합적이고 상호 연결되어 있어서, 이를 적절히 다루자면 이를 추상적 단계에서 직면해야만 한다는 점에서 경험적인 것의 규모를 넘어서는 바깥의 조건이기도 합니다. 제노페미니즘은 이러한 문제에 대하여, 부분적인 어떤 규모에 특권을 부여하지 않고 복잡성의 미세하고 중간적이며 거시적인 층위를 연결하는, 이해와 개입의 다양한 규모들 사이에서 계속해서 일어나는 변조modulation로써 접근하고 있습니다.

예를 들어 국민 국가는 추상화 능력에 따른 인간적 발명의 소산입니다. 국가는 어떻게 보면 세계 역사 속에서 사회적 계약의 규모를 키운 것이라고 할 수 있지요. 그러나 기후 변화는 국가의 규모가 더이상 이 지구상에서의 우리 인간의 활동에 적절하지 않다는 점을 반증합니다. (이 점은 영리 목적의 기술적 혁신이 기후 변화는 물론이고 일상적 억압에 주의를 기울이고 있지 않다는 점을 지적하는 것입니다.) 아무튼 이렇게 규모를 계속해서 키우는 것은 추상 없이는 불가능하지요. 이러한 관점의 미래야말로 우리의 추상 능력을 개인적 경험의 바깥에 있는 규모와 현실에 실질적이고 정치적으로 참여하는 데 사용하는 장소가 될 것이며, 그러한 방식으로 작은 규모의 현실이 요구하는 바 또한 가늠해볼 수 있을 것입니다.

기후 변화의 영향은 모두 같지도 않고, 또 그렇게 받아들여지지도 않을 겁니다. 우리는 우리의 능력을 거시적 규모로 추상할 수 있는 우리의 능력을, 현재 (인간보다 큰, 아주 넓은 의미에서) 기후변화로 이미 고통받

고 있는 친족뿐 아니라, 이 여파를 더욱 심각하게 체감할 아직 존재하지 않는 미래의 친족을 위해서 사용할 수 있어야 합니다. 동시에 그러한 추상이 미시생태의 층위에서 어떻게 작동할지를 인지하고 있어야 합니다. 추상의 능력은 이성을 사용하는 능력이면서 사피엔스에 특화된 것이지요. 이것은 페미니스트가 거시적, 지구적 (아니면 그 이상의) 차원에서 행동할 수 있게 만들어주지만, 다른 층위를 고려하지 않고서 단순히 실행될 수는 없습니다. 따라서 제노페미니즘 선언에서의 전략적 헤게모니 활용은 미시적이며 중간적인 수준의 경험과의 구축적인 연관 속에서, 인구 과잉과 기후 변화와 같은 지구적 문제들에 맞먹는 거시적 수준의 추상을 근본에서부터 극복하는 방법이 됩니다.

A8: 아그라파 소사이어티가 제노페미니즘을 주목하게 된 큰 이유 중 하나는 제노페미니즘이 페미니스트 운동에서 있어서 긴급하고 현실적인 문제들을 놓치지 않는다는 점입니다. 예를 들어, 출산, 가사노동 등의 재생산 문제나 가부장적인 법체계로 인해 의료 시스템 외부에서 벌어지는 낙태 문제 말이지요. 낙태나 출산에 관련된 여성 건강은 한국에서 가장 최근 쟁점이 되고 있습니다. 한국은 심각한 건강 문제나 강간 피해를 입증하지 않으면 합법적으로 낙태를 할 수 없어요. 이러한 한국 사회나 이 안에서 살면서 저항하고 있는 페미니스트들에게 어떤 말을 해주고 싶으신가요? (온라인 문서 공유를 통해 인터뷰를 진행했던 2019년 4월 11일 헌법재판소에서 낙태죄 불합치 판결이 내려졌다.)

LC: 여성이 가진 스스로의 재생산/출산 능력에 대한 안전하고 효과적인 권한 부여는 모든 진지한 페미니스트 프로젝트의 근본적인 목적이기에, 제노페미니스트로서 이에 대한 우리의 노력 또한 견고합니다. 이 문제에서 관건은 결국 신체적 자율성입니다. 스스로의 자궁과 재생산 미래에 대한 자율성을 주장할 우리의 권리가 강간이라든지 우리 자신의 건강을 위협하는 어떤 것들에 의한, 그러한 신체적 자율성이 가진 잔인한 폭력에 의해서만 정당화되리라는 보수적인 제안을 우리는 용납할 수

없습니다. 우리는 근본적인 자유를 쟁취하기 위한 싸움을 이어나가고 있는 한국의 페미니스트들에게 무한한 존경을 보냅니다.

동시에 우리는 신체적 자율성의 기술이 그 자체만으로는 충분할 수 없다는 점을 강조하고자 합니다. 우리는 모든 의미 있는 '선택할 권리'가 의료적 행위로서의 낙태를 포함하면서, 또 그것을 넘어서야 한다는 것을 반드시 기억해야 합니다. 선택할 권리는 우리의 자율성에 영향을 미치며 소위 '삶의 선택'의 실행가능성을 형성하는 모든 사회적 조건을 포괄해야 합니다. 삶의 선택은 거주권, (수감 상태를 포함한) 폭력으로부터의 보호, 약자를 위한 지원, 안전하고 살만한 환경 등을 포함해야 할 것입니다. 우리는 또한 제한 없고 안전한 낙태를 위한 투쟁이 이에 비해 덜 긴급하다고 볼 수 없는 다른 투쟁들, 즉 트랜스피플들이 싸워 온 젠더화된 체현embodiment에 대한 자율성을 위한 투쟁들과 함께 계속되는 것을 목격합니다. 우리는 젠더에 의해 각인되고 권력에 의해 왜곡된 이 육신의 세계 속으로, 우리의 선택이 아닌 상황 속으로 던져졌습니다. 하지만 이러한 상황을 거부하고, 그 조건들을 새롭게 고치려는 의지가 없다면 페미니즘은 아무것도 아닌 것이 됩니다. 스스로의 생물적 특성을 자유롭게 통제할 수 있게 된다면, 사람들은 그 생물적 조건을 더이상 타고난 운명처럼 받아들이지 않아도 될 것입니다. 우리는 생물적 조건이 단지 타인이 우리를 통제하기 위해 사용하는 수단이 되는 것을 거부합니다.

구체적인 용어로, 젠더적인 맥락에서, 이러한 방향성은 필요에 따라 가능한 낙태에 대한 제한 없는 접근, (레보노르게스텔 등의) 사후피임약에 대한 자유로운 접근, (테스토스테론, 에스트로겐, 프로게스테론 등의) 성호르몬이나 (스피로노락톤, 루프린 등의) 호르몬 차단제에 대한 손쉬운 접근, 젠더 전환을 위한 수술에 대한 제한 없는 접근으로 시작됩니다. 이러한 접근권은 '자연'에 의해 우리의 신체에 젠더가 기입되는 방식에 대한 통제권을 되찾아오는 방법이 되기에, 필연적으로 논쟁적일 수밖에 없습니다.

국가가 이러한 목표에 방해가 된다면, 그에 맞서는

페미니즘의 명령은 이러한 제한을 우회하는 수단을 찾고, 국가로부터 부정당한 자유를 위한 토대를 우리 스스로 구축하는 것이 되겠지요. 제노페미니즘은 신체적 자율성에 대한 제한을 침해로 간주하며, 지금도 신체적 자율성을 확보하기 위해 나아가고 있습니다.

제노페미니즘: 소외를 위한 정치학

발행일
2019년 5월 30일

펴낸 곳
미디어버스
아그라파 소사이어티

지은이
라보리아 큐보닉스

옮긴이
아그라파 소사이어티

디자인
양민영

인쇄 및 제책
세걸음(정호영)

ISBN
979-11-966934-1-1 93600

가격
10,000원

미디어버스
출판 등록 2007년 2월 8일
(제313-2007-36호)
(03044) 서울특별시 종로구
자하문로 10길 22, 201호
전화: 070-8621-5676
팩스: 02-720-9869
mediabus@gmail.com
www.mediabus.org